하나님나라 관점으로
신약관통

KB192193

하나님나라 관점으로 **신약관통**

지은이 이종필
펴낸이 임상진
펴낸곳 (주)넥서스

초판 1쇄 발행 2014년 7월 5일
초판 10쇄 발행 2024년 10월 14일

출판신고 1992년 4월 3일 제311-2002-2호
주소 10880 경기도 파주시 지목로 5
전화 (02)330-5500 팩스 (02)330-5555

ISBN 978-89-6790-869-0 03230
       978-89-6790-870-6 (세트)

www.nexusbook.com

하나님나라 관점으로

신약관통

이종필 지음

넥서스CROSS

하나님나라에 대한
기대와 설렘을 갖게 하는 책

세상에 많은 성경공부와 제자훈련 양육프로그램이 있지만 '하나님나라'라는 주제로 일관되게 관통하는 성경공부는 거의 보지 못했습니다. 그래서 '하나님나라'로 관통하는 이종필 목사님의 세미나가 저에게 많은 유익과 도전을 주었습니다. 하나님나라라는 성경의 진수를 뽑아 낸 이 목사님의 저술이 출판된 것은 한국교회와 하나님나라를 위해 참으로 감사한 일입니다. 이 책이 많은 이에게 읽혀지고 연구되어 이 땅에 하나님나라를 위해 일어서는 수많은 그리스도인이 태어나기를 축복합니다.

— 장용섭, 수원서부교회 목사

'빵' 뚫린다는 통쾌함이 이런 느낌이구나! 뭔가 알 듯하면서도 막상 손에 잡히지 않았던 추상적인 '하나님나라'의 개념이 이제야 손에 쥐어졌다. 성경 66권을 하나의 Story로 보는 눈을 갖게 되니 성경은 더 이상 어려운 책이 아니다. 이 책은 목회자뿐만 아니라 평신도에게도 알기 쉽게 하나님나라에 관한 성경적 안목을 갖게 하고, 하나님의 백성으로서 살아가야 할 삶이 무엇인지 바라보게 한다.

– 김영광, 봉신교회 목사

바쁜 일상들 속에서도 나름대로 신앙생활을 잘하고 있다고 생각하며 살다가 이종필 목사님의 세미나와 이 책을 통해 하나님의 나라를 명확하게 이해할 수 있었다. 하나님의 백성이 하나님나라의 주권을 인정함으로 삶의 방향성이 세상이 아닌 하나님나라에 정확하게 맞추어지게 될 때 닫힌 기도의 문이 열려지게 되었다. 따라서 이 책은 단순한 성경개관이 아니다. 하나님나라에 대한 기대와 설렘을 갖게 하는 한 편의 편지와 같다. 모든 성도가 이 책을 통해 무뎌진 영성과 신앙이 회복되어 하나님나라의 비밀을 소유한 행복한 그리스도인으로 살아가기를 기대한다.

– 최정숙, 에덴교회 사모

이전까지 말씀 속에 담긴 진리를 깨닫지 못한 채 세속적인 신앙인으로 살았습니다. 그러던 중 하나님의 인도하심으로 이종필 목사님의 성경관통 강의를 들으며 성경의 배경과 역사까지 아우르며 하나님나라의 백성으로서 주님의 사명이 무엇인지 알게 되었고, 비전을 찾아 실천하는 삶이 되기를 다짐하게 되었습니다. 정말 감사합니다.

– 김영숙, 세상의빛교회 집사

목회자가 평생 해야 할 가장 중요한 것 중 하나가 성경연구입니다. 그동안 성경연구의 다양한 방법을 만나 보았습니다. 하지만 성경 전체의 숲을 보지 못하니 뭔가 방향성을 잃게 되었다고 인정하지 않을 수 없었습니다. 이종필 목사님의 이 책과 더불어 성경관통 세미나에 참석하고 나서 성경을 폭넓게 바라볼 수 있는 '하나님나라'라는 정말 획기적인 관점을 깨닫게 되었습니다. 목회자들이 이 책과 더불어 세미나를 통해 '오직 성경으로 돌아가라'는 개혁자들의 가르침에 동참하기를 바랍니다.

― 김형민, 등주교회 목사

그동안 저에게 '하나님나라'는 중요한 개념이었지만, 피상적으로 이해되었습니다. 하지만 이종필 목사님의 세미나와 책을 통해 '하나님나라'를 정확하고 구체적으로 바라보게 되었습니다. 하나님나라를 이 땅 가운데 이루어 갈 수 있는 바른 길을 보여 주심에 감사합니다.

― 최완수, 평성교회 목사

오랜 시간 동안 이종필 목사님의 세미나에 참석하여 '하나님나라'를 배웠습니다. 그러면서 하나님나라를 확장하는 사명에 동행하는 꿈을 품게 되었고, 하나님을 더욱 깊이 바르게 알게 되었습니다. 하나님나라를 위한 큰 걸음을 내딛게 해 주신 이종필 목사님에게 진심으로 감사드립니다.

― 김재상, 임마누엘교회 집사

지금껏 성경말씀을 대할 때 구속사적 관점에서, 혹은 언약적인 관점에서 하나님의 뜻을 찾으려 했다. 그런데 하나님나라의 관점에서 성경을 연구할 수 있도록 안내하는 이종필 목사님의 세미나와 책을 통해 이 모든 관점을 포괄하는 성경을 보는 새로운 눈을 갖게 되었다. '하나님나라 관점으로 배우는 성경 관통 세미나'를 통해 내 삶의 주인이신 하나님에게 더욱 마음을 내어 드릴 수 있게 되어 기쁘다. 하나님의 백성인 나는 하나님의 주권에 충실하여 하나님이 기뻐하시는 삶을 살도록 할 것이다. 이종필 목사님의 시원시원한 성경 세미나를 통해 나는 하나님 아버지의 자녀로 하나님이 주신 땅, 즉 사명을 빼앗기지 않고 하나님이 주신 말씀을 지키며 사명의 지경을 넓혀 나갈 것이다.

— 박명애, 성광교회 전도사

이 책이 있기까지 말씀에 대한 열정을 모아 주신 모든 분에게

　이 책은 사실 제가 그동안 시무했던 교회들의 성경공부, 신학교 강의, 목회자들을 위한 세미나에서 했던 성경강의의 결과물입니다. 정말 부족한 저를 목회자로 부르시고, 성경에 관심을 갖도록 축복하시고, 지난 15년 이상을 꾸준히 성경을 연구하게 하신 하나님에게 영광을 돌리며 감사의 찬양을 올려 드립니다.

　시간이 지날수록 저를 신앙으로 교육하신 아버지 故 이재화 목사님과 어머니 황순임 사모님의 영향이 지대함을 느끼며 감사하게 됩니다. 또한 그동안 저를 가르치신 수많은 교수님에게 감사의 말씀을 일일이 전하지 못함이 참으로 죄송할 따름입니다. 저와 동역하며 가르치신 수많은 선배 목사님이 저의 스승이셨습니다. 묵묵히 저를 격려하는 아내와 개척해서 지금까지 목회할 수 있도록 절 도운 사랑하는 성도님은 제가 평생을 두고 아름다운 목회와 인격으로 빚을 갚아야 하는 분들입니다. 저의 세 자녀 시은, 지민, 재현은 바쁜 아빠를 이해해 주는 기특한 녀석들입니다.

저는 특히 강의와 설교와 세미나의 현장에서 더욱 큰 영감을 얻습니다. 그 동안의 강의와 세미나를 통해 저의 원고가 완성되어 갔다는 점에서 학교의 강의와 성경공부와 목회자 세미나에 참석하셔서 제가 말씀을 나누도록 해 주신 분들에게 감사하지 않을 수 없습니다. 여러분의 말씀에 대한 열정적인 소망이 이 책을 가능하게 하셨습니다. 정말입니다.

이 책은 학문적인 책이나 논문이 아닙니다. 졸고이지만 신앙에 도움이 될까하여 그저 한 목회자 나름대로의 성경해석법을 풀어 놓은 책입니다. 절대로 독창적인 작품이라 할 수 없으며, 많은 분에게서 영감을 얻었습니다. 신대원에서와 박사과정에서 저를 가르쳐 주신 분들, 만난 적은 없지만 하나님나라 관점으로 성경을 볼 수 있도록 책을 편찬하신 분들, 성경사전과 자료를 편찬하신 분들에게 감사의 말씀을 전하고 싶습니다.

마지막으로 책이 나올 때까지 온갖 수고를 아끼지 않은 저의 진실한 동역자 신철웅 목사와 오헌 강도사, (주)넥서스 크로스팀을 비롯한 여러분에게 감사드립니다.

서초동의 목회현장에서
野草 이 종 필 목사

성경,
기독교 신앙의 중심

성경! 성경은 우리 기독교 신앙의 전부라고 말할 수 있겠다. 그리고 성경을 통해 온전하게 전달된 하나님의 뜻대로 살아가는 성도와 그런 성도로 이루어진 교회는 하나님의 증인이 될 수 있음을 믿는다. 이 땅에 하나님나라의 진정한 소망을 전할 수 있는 그런 증인 말이다.

우리 한국교회 성도들은 성경을 정말 열심히 읽는다. 기도도 참 열심히 한다. 하루 몇 시간씩 기도한다는 분들을 종종 만나게 된다. 그런데도 한국교회 성도의 삶이 상당히 하나님의 뜻과 멀어져 있다는 것을 느낀다. 수많은 예배와 아름다운 찬양, 열정적인 기도가 넘쳐 나지만, 한국교회에는 최근 부정적인 스캔들이 많아지고 있다. 중세교회의 냄새가 나기도 한다.

무엇이 문제일까? 말씀이 부족한가? 기도가 부족한 건가? 마음은 원이로되 육신이 약하여 말씀을 실천하지 못하는 것이 문제일까? 여러 가지 이유가 있을 것이다. 한국교회가 직면한 문제의 이유를 찾아보고자 하는 마음이 컸다.

그런 맥락에서 열심히 성경을 보고, 성도를 만나고, 현장에서 설교하고 강의하면서 나는 나름의 해답을 찾게 되었다.

마르틴 루터에 의해 촉발된 종교개혁은 개신교라고 총칭할 수 있는 기독교의 거대한 흐름을 만들었다. 종교개혁이 기독교 신앙에 일으킨 가장 중요한 변화는 하나님의 말씀인 성경에 가장 높은 권위를 부여했다는 것이다. 이와 더불어 모든 사람이 성경을 읽고 연구하며 하나님의 뜻을 발견할 수 있는 길을 열었다. 성경이 최고의 권위를 갖게 된 것과 모든 사람이 성경을 연구하여 하나님의 뜻을 발견할 수 있게 되었다는 것은 중세 기독교에서는 상상할 수 없는 일이었다. 종교개혁을 통해 기독교는 성경이 전하는 올바른 신앙적 가르침에 따라 교회를 세울 기틀을 마련한 것이다. 루터, 츠빙글리, 칼빈 등 많은 개혁자의 후예들은 지금 기독교의 다양한 흐름을 형성하고 있다.

이후로 수많은 성경연구서가 나왔다. 성경을 통해 하나님의 뜻을 발견하기 위해 많은 방법론이 나왔다. 특히 한국교회는 모든 성도가 다양한 버전의 성경을 가지고, 각자의 성경읽기(큐티)를 통해 하나님의 뜻을 발견하며 살 수 있는 정도까지 발전(?)했다. 그런데도 우리의 삶은 하나님과 멀어지고 있는 것 같다. 교회와 교회의 구성원에게서 하나님의 뜻이 보이지를 않는다. 예배와 찬양, 기도회 등의 종교의식은 정말 화려하게 발전했고, 교회의 건물은 상상할 수 없이 좋아졌다. 그러나 우리가 스스로를 아무리 좋게 보려고 해도, 화려한 프로그램과 건물에 반비례하여 우리네 교회는 세상의 모습을 닮아 가는 것

같다. 하나님나라가 구현되어야 할 교회에서 세상의 모습이 보인다. 어떨 때는 세상의 모습만 보이는 것 같기도 하다. 나는 이 대목에서 종교개혁자들이 기독교 신앙의 중심으로 세워 놓은 성경이 지금 한국교회에서 어떻게 가르쳐지는지 돌아보려 했다.

종교개혁 이후 500년이 지났다. 우리가 확신할 수 있는 것은 여전히 우리 기독교 신앙의 중심에 성경이 있다는 것이다. 이 점에 있어서 우리는 종교개혁자들의 후예가 확실하다. 성경을 강론하는 설교가 예배의 중심을 차지한다. 말씀을 강조하지 않는 목회자는 찾아보기 힘들다. 모든 성도는 지금보다 말씀을 더 읽어야 한다는 부족함을 항상 느낀다. 말씀을 암송하는 주일학교 아이들은 여전히 귀한 미래의 재목으로 칭찬받는다. 그런데 왜 한국교회는 말씀 중심에 서 있지 못한가?

문제는 명백하다. 성경을 잘못 보고 있기 때문이다. 성경을 많이 보고 묵상하는데, 모두 아전인수식이다. 하나님이 말씀을 주실 때 의도하셨던 것, 하나님나라를 세상에 임하게 하는 것과 하나님나라를 확장하려고 믿는 자들을 구원하신 것을 전혀 생각하지 않고, 각자의 생각과 주관대로 성경을 읽고 있다. 이런 현실에서는 아무리 성경을 많이 봐도 하나님나라가 구현되지 않는다. 성경적인 가르침에서 여러 면으로 벗어나 있는 가톨릭교회보다 세계의 개신교 교회들이 신뢰를 얻지 못하는 이유는 바로 여기에 있다. 우리는 성경을 잘못 보고 있는 것이다. 성경의 권위는 엄청나게 높은데, 성경을 복받기 원하는 탐욕의 눈으로 보고 해석한다. 이러니 교회 안에 탐욕에 의한 스캔들이 끊이지 않는 것이다. 게다가 각자 해석한 성경을 따라 교회가 엄청나게 분열하고 있다.

교회는 성경의 권위를 높이는 것이 아니라 자신들이 잘못 해석한 결과물의 권위를 높이고 있다. 설교에서 하나님나라는 찾을 수 없다. 세상의 나라에서 성공하고 자기 개발하고 잘사는 법이 설교로 선포된다. 병 낫고, 부자 되고, 문제를 해결하는 것이 신앙의 목적이 되고 있다. 성경을 잘못 해석한 인간의 결과물에 성경의 권위가 더해진 것이다. 교회가 세상의 나라를 가르치면서, 그 가르침에 성경의 권위를 부여하고 있으니 절대적인 타락이 일어나고 있다. 성경의 절대적인 권위를 믿는 우리 개신교 교회와 성도는, 성경이 올바로 해석되어 하나님의 의도대로 전해지고 있는지 돌아보아야 한다. 말씀이 잘못 전해진다면 차라리 설교가 없는 예배가 더 바람직할 수 있다. 중세 가톨릭교회가 성경 번역을 금하고, 성직자의 사적인 성경해석을 금한 이유가 이제 설득력을 얻고 있지 않은가? 성경을 세상의 눈으로 해석하고 우리의 욕망을 위한 도구로 사용하는 지금과 같은 상황이 계속된다면, 하나님은 교회를 외면하실 것이다. 지난 500년 동안 진리의 터요, 선교의 도구로 사용하셨던 그 교회를 말이다.

개신교 신앙에서 성경의 중요성에 대해선 더 이상 말할 필요가 없다. 종교 개혁자들은 교회의 권위나 전통을 제치고 성경을 기독교 신앙의 중심으로 삼았다. 이제 성경은 잘 해석되어야 하고, 하나님의 의도대로 전파되어야 한다. 성경은 약 1,500년에 걸쳐서 수십 명의 저자가 쓴 66권으로 구성된 책이다.

동시에 성령께서 영감하여 기록한 통일성 있는 하나의 책이다. 다시 한 번 강조하지만 "통일성 있는 한 권의 책"이다. 읽는 사람에 따라 다양한 은혜를 경험하는 것은 좋지만, 읽는 사람에 따라 혹은 각 권에 따라 전혀 다른 내용, 나아가 상충되는 사상이 강조된다면 문제가 있다. 성경을 어떻게 보느냐에 따라 견실한 교회가 세워질 수도 있고, 각종 이단이 나타날 수도 있다. 따라서 성경을 하나님의 말씀으로 믿는 믿음과, 어떻게 성경을 통합하는 일관된 관점으로 성경 전체를 하나님의 의도에 따라 바르게 이해할 수 있는지가 우리에게 가장 중요하게 되었다. 특히 성경을 우리의 신앙과 삶의 유일한 기준으로 보는 개신교 성도에게는 이 관점이 어느 것과도 견줄 수 없는 중요한 것이라 할 수 있다.

그동안 성경에 관해 수많은 책이 출간되었다. 어떤 저자는 성경 몇 구절로 한 권의 책을 쓰기도 했다. 깊고 좋기는 한데 모든 사람이 이런 식으로 성경 한 구절 한 구절에 대해 깊이 이해하려 하면 통일성 있게 전체를 보기 어렵다. 어떤 분은 간단하게 성경은 구원에 관한 책, 예수님을 증거하는 책이라고 말한다. 간단하긴 한데 과연 성경의 모든 책이 그렇게 간단히 정리될 수 있는 것인가 의문이 든다. 성경은 쉬운 것 같으면서도 어렵다. 성경은 그렇게 방대한 책이 아님에도 불구하고, 전체를 통일성 있게 이해하기 쉽지 않다. 그러면 어떻게 해야 하는가? 성경 전체를 통해 하나님이 의도하시는 뜻을 정확하게 이해할 방법이 있는가?

그 답에 조금이라도 접근하기 위해 평범한 목회자의 입장에서 오랜 시간 고민한 결과물을 조심스럽게 내어놓는다. 이 책에서 나는 '하나님나라'를 성경 전체를 해석할 수 있는 기준으로 제시한다. 하나님이 이 땅에서 행하시는 모든 사역과 구원의 역사를 포괄하는 개념으로 하나님나라를 말하는 것이다. 하나님나라에 대해 신학적으로 접근하려는 것이 아니다. 하나님의 통치가 이루어지는 '하나님나라'의 개념을 말하려는 것이며, 이 개념을 적용하여 성경 각 권을 해석하였다. 국가를 구성하는 기본요소 국민, 주권, 영토의 개념을 하나님나라에 적용하여 하나님의 백성, 하나님의 땅, 하나님의 주권이라는 개념으로 성경의 메시지를 풀어내려는 시도가 이 책에 담겨 있다. 그리하여 성경을 통해 드러나는 하나님의 의도, 즉 우리에게 주시려는 메시지를, 각 권을 무시하지 않고 동시에 성경 전체의 통일성을 견지한 채 파악하려 한다. 부디 성경이 올바로 해석되어 강단에서 선포되고, 모든 성도가 이 세상에서 하나님나라의 복음을 삶으로 전하는 교회를 세우게 되길 소망한다. 부디 이 책이 사랑하는 한국교회와 믿음의 동역자에게 도움이 된다면 너무나 기쁠 것이다.

이 종 필 목사

차례

추천의 글   004
감사의 글   008
들어가는 글   010

PART 1
하나님나라로
성경관통
다시 보기

1장 하나님나라 이해하기   020
2장 하나님나라와 언약   024
3장 하나님나라로 구약과 신약 연결하기   027

PART 2
하나님나라로
신약관통

1장 신약을 관통하기 전에   034
2장 신약 전체 관통   046
3장 복음서 : 하나님나라의 성취, 예수   054
4장 역사서 : 하나님나라(교회)의 확장   073
5장 서신서 : 하나님나라 백성의 신앙과 삶   088
6장 예언서 : 하나님나라의 완성   103

PART 3
하나님나라로
신약 권별 관통

01 마태복음   110

02 마가복음   117

03 누가복음   123

04 요한복음   129

05 사도행전   136

06 로마서   147

07 고린도전서   153

08 고린도후서   160

09 갈라디아서   167

10 에베소서   174

11 빌립보서   182

12 골로새서   188

13 데살로니가전서   195

14 데살로니가후서   201

15 디모데전서   206

16 디모데후서   216

17 디도서   221

18 빌레몬서   229

19 히브리서   234

20 야고보서   241

21 베드로전서   248

22 베드로후서   255

23 요한일서   261

24 요한이서   269

25 요한삼서   272

26 유다서   275

27 요한계시록   278

PART 4
하나님나라
관점으로
성경관통 정리

1장 성경 : 하나님나라 시작에서 완성까지   290

2장 하나님나라 관점으로 성경관통 정리   293

1장   하나님나라 이해하기

2장   하나님나라와 언약

3장   하나님나라로 구약과 신약 연결하기

PART 1

하나님나라로
성경관통

다시 보기

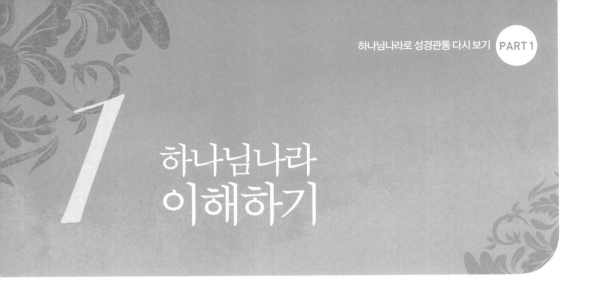

하나님나라 이해하기

Note

이미 《구약관통》에서 하나님나라에 대해 설명했지만, 《신약관통》을 처음 보는 독자들을 위해 하나님나라의 개념을 설명하는 것이 유익하리라 본다(《구약관통》의 Part 1부분을 참조).

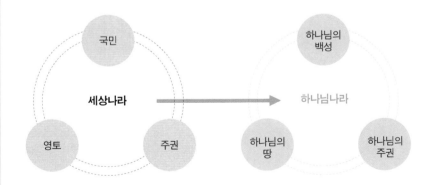

국가의 3요소로 본 세상나라와 하나님나라

세상의 국가는 국민, 영토, 주권이라는 세 가지 요소로 구성된다. 이 중 가장 중요한 개념은 주권이다. 땅과 백성이 있더라도 주권이 없으면 국가라 할 수 없기 때문이다. 국가의 개념에서 주권이란 대한민국 국민이 스스로 법을 만들고, 그 법에 따라 나라를 통치하는 것을 말한다. 이 개념을 하나님나라에 도입하면, 하나님나라란 "하나님이 선택하신 백성이 하나님이 주신 땅에서 하나님의 주권을 지키며, 하나님의 통치에 순종하며 살아가는 나라"라고 정리할 수 있게 된다. 하나님나라에서 가장 중요한 개념 역시 주권인데, 이는 통치를 의미한다. 주님이 가르치신 기도에서 "나라가 임하옵시며"(마 6:10)라는 구절은 하나님의 통치가 이루어짐을 뜻한다. 하나님나라는 하나님의 백성에 대한 하나님의 통치가 이루어지는 영역이다.

성경은 〈창세기〉부터 〈요한계시록〉까지, 구약의 이스라엘과 신약의 성도(하나님의 백성)를 통해 인류역사 속에 진행된 하나님나라를 기록한 책이다. 따라서 하나님나라의 개념으로, 그 세 구성요소인 하나님의 백성, 땅, 주권으로 이해할 때 가장 정확하게 성경의 메시지를 파악할 수 있다.

여호와 하나님이 그 사람을 이끌어 에덴동산에 두어 그것을 경작하며 지키게 하시고 여호와 하나님이 그 사람에게 명하여 이르시되 동산 각종 나무의 열매는 네가 임의로 먹되 선악을 알게 하는 나무의 열매는 먹지 말라 네가 먹는 날에는 반드시 죽으리라 하시니라(창 2:15~17)

네 조상의 하나님 여호와께서 네게 주셔서 차지하게 하신 땅에서 너희가 평생에 지켜 행할 규례와 법도는 이러하니라(신 12:1)

Note

예수께서 나아와 말씀하여 이르시되 하늘과 땅의 모든 권세를 내게 주셨으니 그러므로 너희는 가서 모든 민족을 제자로 삼아 아버지와 아들과 성령의 이름으로 세례를 베풀고 내가 너희에게 분부한 모든 것을 가르쳐 지키게 하라 볼지어다 내가 세상 끝날까지 너희와 항상 함께 있으리라 하시니라 (마 28:18~20)

✢ 에덴동산
히브리어로 '에덴'은 '즐거움, 기쁨'이라는 의미를 지닌다. 하나님이 최초의 인간인 아담과 하와에게 살도록 허락하셨던 곳이다.

위의 성경은 각각 에덴동산✢과 예수님 이전 구약시대와 이후 신약시대의 하나님나라의 개념을 설명하는 좋은 모델 구절이다. 각 구절에서 하나님의 백성은 하나님이 주신 땅을 선물로 받는다. 그 땅은 하나님의 백성에게 주어진 축복이다.

그런데 성경의 역사를 보면 하나님의 통치가 이루어지지 않을 때 땅을 잃게 된다는 것을 알 수 있다. 하나님이 선택한 백성이 하나님이 주신 땅에서 하나님의 주권 아래 살며 하나님의 통치를 이루어갈 때, 땅은 번성하고 확장된다. 따라서 하나님이 주신 땅에서 하나님의 주권을 확립하며, 나아가 하나님의 주권이 미치는 영역을 확장해 나아가는 것이 하나님의 백성에게 가장 중요한 사명이 된다. 이것은 필연적인 사명이다. 땅은 선물이자 동시에 사명이다.

땅의 확장과 상실의 역사 (핵심은 하나님의 주권)

성경은 이러한 하나님나라의 원리가 어떻게 역사 속에 나타났는지를 계속 추적하여 하나님의 백성에게 보여 준다. 나아가 완성될 하나님나라를 계시하며 하나님의 주권을 확립하고 확장해 나가도록 우리를 독려하고 있다. 하나님의 백성인 우리가 하나님의 주권과 사탄의 유혹 사이에서 벌어지는 영적 전쟁에 승리하도록 독려하는 것이다. 이것이 성경의 핵심 메시지이다. 하나님의 주권은 하나님이 우리의 삶을 통치하시고, 우리 삶에 주인이 되심을 의미한다. 하나님의 은혜로 예수 그리스도를 통해 구원받은 하나님의 백성은 그분이 주신 삶의 영역에서 하나님의 주권을 확립하고 그의 나라를 확장해 나아가야 한다.

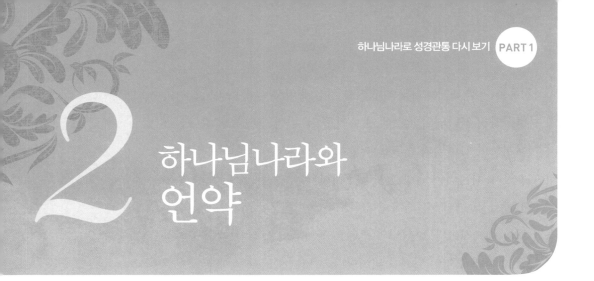

2 하나님나라와 언약

Note

하나님이 인류의 역사 속에 하나님나라를 형성하고, 유지해 가시는 방법은 언약이다. '언약'은 원래 고대 근동지방에서 서로 맹세할 때 쓰

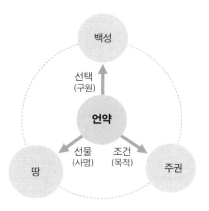

언약으로 맺어진 하나님나라의 3요소

는 방법이었다(창 21:27, 31:44 참조). 이 언약은 1) 언약의 두 당사자들, 2) 언약으로 서로에게 주는 예물(선물), 3) 서로 지켜야 할 조건을 내용으로 한다.

하나님나라의 개념으로 성경을 관통하여 볼 수 있다는 말은, 언약을 통해 하나님나라를 세워 가신 것이 성경 전체의 중심 사상이자 핵심이라는 의미이다. 이 말은 언약을 통해 세우신 하나님나라의 구성요소를 분석함으로써 기독교 신앙의 중심인 성경을 가장 명료하고도 정확하게 이해할 수 있다는 확신에 기초하고 있다.

위에 제시한 세 가지 중요한 언약을 따라 하나님나라를 살펴보기로 하자.

우선 하나님은 자신의 백성을 선택하셔서 언약의 당사자로 세우신다(아담 → 이스라엘 → 인류). 그리고 언약의 당사자에게 땅을 선물로 주신다(에덴동산 → 가나안 → 온 땅). 언약의 당사자인 하나님의 백성은 그 땅에서 하나님의 주권을 지키며 살아가야 한다(선악과 명령 → 모세의 율법 → 하나님의 말씀). 에덴동산, 가나안, 온 땅은 하나님이 언약을 통해 하나님나라를 세우려 하셨던, 하나님의 계획이 집중되어 있었던 곳이다.

하나님은 아담과 하와를 선택하셔서 그들에게 에덴동산을 주시고, 그곳에서 하나님의 명령을 지키며 살아가게 하셨다. 하나님은 아브라함의 자손 이스라엘 백성을 선택하여 그들에게 가나안을 주시고, 그곳에서 모세의 율법✝을 지키며 살아가게 하셨다. 또한 하나님은 영적 아브라함의 자손인 신약의 성도들, 즉 예수 그리스도를 믿는 자들을 선택하여 그들에게 온 땅을 주시고, 그곳에서 하나님의 말씀을 지키며 살아가게 하셨다.

Note

〈창세기〉21:27
아브라함이 양과 소를 가져다가 아비멜렉에게 주고 두 사람이 서로 언약을 세우니라

〈창세기〉31:44
이제 오라 나와 네가 언약을 맺고 그것으로 너와 나 사이에 증거를 삼을 것이니라

✝ 율법
히브리어로는 '토라', 헬라어로는 '노모스'이다. 구약에서 율법은 특별히 하나님과의 언약관계 속에서 어떻게 살아야 하는지를 보이기 위해, 하나님에 의해 주어진 그분의 가르침을 말한다.

기독교 신앙을 가진 모든 사람은 하나님의 언약백성이며, 하나님은 언약백성에게 이 땅을 선물로 주셨다. 선물로 주신 땅은 동시에 사명의 땅이기도 하다. 하나님이 언약하신 목적은 하나님나라를 확장하는 데 있다. 하나님의 이름이 높임을 받고, 모든 인류를 위해 하나님의 나라가 이 땅에 임하고, 하나님의 뜻이 땅에서도 이루어지게 되는 것을 말한다. 이것이 우리를 선택하신 목적이다. 우리가 이 땅에서 살아가는 동안 하나님의 주권을 인정하며 하나님나라를 확장해 가라는 것이다.

하나님나라를 이루시기 위해 하나님이 우리와 세우신 언약은 1) 선택하여 관계를 맺는 데서 시작한다(창 17:7 참조). 이것이 바로 구원이다. 이렇게 하나님과 관계를 맺은 자들에게 하나님은 2) 선물이자 사명으로 땅을 주신다(창 15:18). 하나님은 그 땅에서 3) 하나님의 주권을 인정하며, 하나님나라를 확장할 것을 조건으로 내세우신다. 언약의 조건을 이행하는 것이 땅의 번성이나 상실을 좌우하게 된다(겔 16:59). 이것이 언약의 목적이다.

<창세기> 17:7
내가 내 언약을 나와 너 및 네 대대 후손 사이에 세워서 영원한 언약을 삼고 너와 네 후손의 하나님이 되리라

<창세기> 15:18
그 날에 여호와께서 아브람과 더불어 언약을 세워 이르시되 내가 이 땅을 애굽 강에서부터 그 큰 강 유브라데까지 네 자손에게 주노니

<에스겔서> 16:59
나 주 여호와가 이같이 말하노라 네가 맹세를 멸시하여 언약을 배반하였은즉 내가 네 행한 대로 네게 행하리라

하나님나라로
구약과 신약 연결하기

3

✝ 구약의 연속으로서의 신약

우리가 신약을 시작하기에 앞서 신약은 성경 전체에서 구약의 연속이라는 사실을 기억해야 한다. 특별히 하나님나라의 관점으로 보자면, 신약은 하나님이 구약의 역사를 통해 세우시고 이어 오신 언약의 갱신이자 성취이다. 신약의 첫 네 권인 복음서는 구약에서 약속하신 새로운 언약이 예수 그리스도를 통해 성취되었음을 보여 준다. 2,000년 전 유대에 오셔서 십자가에 죽으셨다가 부활하신 예수 그리스도를 통해 하나님나라가 성취된 것이다. 그 하나님나라는 교회시대를 통해 완성을 향해 나아가다가 그분의 재림을 통해 완성된다. 따라서 하나님나라 관점으로 신약을 관통하는 작업을 시작하기 전에 구약에 나타난 하나님나라의 시작과 발전과정을 요약하고 구약과 신약을 연결하려고 한다.

✚ 하나님나라의 시작 _ 에덴동산

성경은 하나님나라의 시작에서 완성까지의 과정을 기록한 책이다. 하나님은 세상을 창조하시고 에덴동산에서 하나님나라를 시작하셨다. 에덴동산은 그 나라의 영토였으며, 그곳에는 하나님의 백성(아담과 하와)이 있었고, 그들은 선악과를 먹지 말라는 하나님의 말씀에 따라 하나님의 주권을 지키며 살았다. 하지만 하나님의 백성이 하나님의 주권을 지키기를 거부하여 하나님나라에서 쫓겨났다. 쫓겨난 인류는 죄를 반복하면서 살았다. 물로 심판을 당한 이후에도 변함이 없었다(창 1~11장).

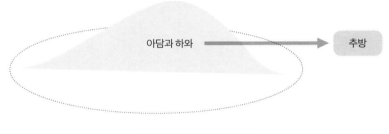

에덴동산(하나님나라의 모형)

✚ 아브라함을 통해 새롭게 시작되는 하나님나라

하나님은 인류가 에덴동산에서 쫓겨난 이후, 새롭게 하나님나라를 세워 가기 위해 아브라함을 택하셨다. 아브라함의 후손을 하나님나라의 백성으로 삼아, 그들에게 하나님나라의 영토인 가나안을 주시기로 약속하셨다. 하나님은 아브라함의 후손을 지키고 축복하여 번성하게 하셨고(창 12~50장), 놀라운 권능으로 그들을 애굽에서 구원하셨다(출 1~18장). 그렇게 구원받은 하나님의 백성 이스라엘은 모세를 통해 하나님의 말씀, 즉 율법을 받았다. 그들은 하나님의 말씀을 지키면서 하나님의 주권을 인정하며 살아갈 때 하나님이 주신 땅에서 축복을 누리며 살수 있었다(출 19장~민 10장).

하나님은 그들이 하나님의 주권을 지키며 하나님나라를 확장하기를 바라셨던 것이다. 하지만 그렇게 시내산⁺에서 율법을 받고 가나안⁺으로 가던 하나님의 백성은 하나님에게 반역하여 대부분이 광야에서 죽음을 맞이했다(민 10~25장). 광야에서 죽지 않은 하나님의 백성과 그들의 후손은 가나안을 향했다. 그들은 가나안을 정복하기 위해 요단동편 모압평지에 모였다. 거기서 모세에게 다시 한 번 하나님의 말씀을 듣고, 하나님의 주권을 지키며 살아가는 것이 하나님백성의 조건임을 되새겼다(민 26장~신 34장).

Note

⁑ 시내산
오늘날 이집트의 시내반도 남단에 위치한 것으로 추정되는 시내산은 모세가 하나님에게 십계명을 받았던 곳이다(출 19장). '호렙산'(출 17:6), '하나님의 산 호렙'(출 3:1), '산'(출 19:2), '하나님의 산'(출 24:13)으로도 불렸다.

⁑ 가나안
이집트와 소아시아 사이에 위치한 지중해 동부 연안지역(팔레스타인~남부 시리아)을 말한다. 성경에서의 가나안은 일반적으로 요단 서편지역을 의미하며(창 10:19), 하나님이 아브라함과 그 자손들에게 주시겠다고 약속한 땅을 지칭한다(창 12:7).

아브라함에서 가나안정복까지

✚ 땅의 상실로 위기를 맞는 하나님나라

모세 이후 세워진 지도자 여호수아를 따라 하나님의 백성 이스라엘은 가나안을 정복했다(여호수아서). 하지만 여호수아가 죽은 후 이스라엘은 하나님의 주권을 지키지 않고 혼돈의 시기를 살아갔다(사사기, 룻기). 혼돈의 시기 끝에 하나님을 신실하게 섬기는 사무엘과 다윗이 등장했고, 이스라엘은 다시 한 번 번영의 시기를 맞았다. 단지 경제적이고 정치적인 번영을 뜻하는 것이 아니다. 하나님의 주권을 지키는 신실한 순종으로 하나님의 나라 이스라엘은 중흥기를 맞는다(사무엘상·하). 하지만 결국 솔로몬 이후 나라는 둘로 나뉘었고, 북이스라엘과 남유다는 차례로 멸망한다(열왕기상·하). 모두 하나님의 백성이 하나님의 나라에서 하나님의 주권을 지키지 않은 결과였다.

여호수아 이후의 이스라엘 역사

✚ 여전히 계속되는 하나님나라

하지만 하나님은 바벨론에게 멸망당했던 나라를 다시 회복시키셨다. 하나님나라를 세워 가려는 하나님의 의지와 자기 백성을 사랑하시는 하나님의 은혜는 변함이 없었다. 하나님은 여전히 다윗왕조를 보존하셨고(역대상·하), 성전과 성벽을 재건하시며 이스라엘 공동체를 말씀으로 세우셨고(에스라서, 느헤미야서), 이방에 있을지라도 하나님의 백성을 보호하셨다(에스더서).

✛ 하나님백성의 지혜와 선지자들의 메시지

Note

이러한 역사를 거치면서 다윗과 솔로몬을 비롯한 많은 신앙의 선조는 하나님나라 백성의 경험과 지혜를 기록했고(욥기, 시편, 잠언, 전도서, 아가), 이사야와 예레미야를 비롯한 많은 선지자✛는 하나님의 주권을 깨트리며 살아가는 하나님의 백성, 나아가 인류의 죄를 지적하고 책망했다.

하지만 선지자들의 메시지는 심판에서 끝나는 것이 아니라 새 언약을 통해 하나님의 백성을 회복하고, 하나님나라의 비전을 이어갈 것임을 약속한다. 나아가 하나님의 나라를 성취하실 메시아 예수 그리스도에 대해 예언하면서 신약으로 나아가게 한다(이사야서~말라기서).

복음서의 저자들은 예수님의 사역을 소개하기에 앞서 구약 선지자들의 예언을 소개하고 있다. 구약의 선지자들이 소망하고 고대했던 메시아,✛ 새 언약을 통해 하나님나라를 온전히 성취하실 분이 바로 예수 그리스도라는 사실을 복음서 저자들이 전하며 신약은 구약을 계승하는 것이다.

✛ 선지자
하나님의 특별한 부르심을 받아(렘 1:5, 암 7:12) 하나님의 말씀을 대언하는 사람을 말한다. 히브리어로 '나비'인데, 그 뜻은 '말하도록 부르심 받은 자'이다. '선견자'라고도 불렸다. 선지자직은 제사장과는 달리 세습되지 않았다.

✛ 메시아
히브리어로 '기름부음을 받은 자'라는 뜻으로, '구원자', '해방자'라는 의미를 지닌다. 신약성경에서는 일반적으로 '그리스도'로 번역되었다. 구약에서 기름부음을 받는다는 것은 하나님의 특별한 일들을 수행할 특별한 종으로 부름을 받는다는 의미로 이해되고 있다. 그런 의미에서 제사장(레 4:3), 왕(삼상 24:10), 선지자들(왕상 19:16)이 여기에 해당됐다. 신약시대 예수 그리스도께서 진정한 메시아로 이 땅에 오셔서 하나님나라를 성취하셨다.

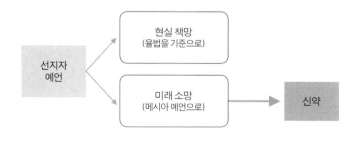

신약으로 연결되는 선지자들의 메시지

1장 신약을 관통하기 전에

2장 신약 전체 관통

3장 복음서 : 하나님나라의 성취, 예수

4장 역사서 : 하나님나라(교회)의 확장

5장 서신서 : 하나님나라 백성의 신앙과 삶

6장 예언서 : 하나님나라의 완성

PART 2

하나님나라로
신약관통

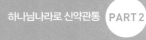

1

신약을
관통하기 전에

Note

✚ 구약 이후

하나님나라는 다윗과 솔로몬 시대에 이르러 크게 확장되었다. 모두 사무엘과 다윗이 하나님의 주권을 잘 지킨 결과였다. 하지만 솔로몬 말기부터 하나님의 백성 이스라엘은 조금씩 하나님의 주권을 거부하기 시작했다. 결국 이스라엘은 둘로 나뉘어 북이스라엘이 먼저 앗수르에 멸망했고, 정통성을 유지하던 남유다도 바벨론에 의해 멸망당했다. 유대인 중 유력자들은 모두 바벨론으로 유배되었다.

이후 페르시아에 의해 바벨론이 멸망하면서 페르시아 고레스 대왕의 칙령✚으로 하나님의 백성 이스라엘은 다시 본국으로 돌아와 하나님나라의 명맥을 이어갈 수 있게 되었다. 그들은 성전을 건축하고(B.C. 516년경), 성벽을 재건하고(B.C. 445년경), 다시금 신앙공동체를 형성했다.

✚ 고레스 칙령
바벨론에게 포로로 잡혀 있던 이스라엘 백성이 본국으로 돌아가 성전을 건축할 수 있도록 허가한 바사의 고레스 왕의 허가서(대하 36:22; 스 1:1)

구약의 역사는 여기까지이다. 시내산 언약을 중심으로 하여 이스라엘 백성을 통해 이루려고 하였던 하나님나라 계획은 선지자들의 예언을 바라보며 새로운 국면을 맞이한다. 바로 구약의 언약을 대체하여 하나님나라를 세상에 온전히 성취할 메시아에 대한 예언이다. 이후 메시아를 통해 성취될 하나님나라를 고대하는 경건한 신앙인에 의해 하나님나라의 역사는 조용히 흘러가게 된다.

✛ 헬라의 영향력

예수 그리스도에 의해 하나님나라가 성취되고, 다시금 하나님나라 복음이 온 세상에 전파되기 시작한 1세기 이전 이스라엘은 어떤 상황에

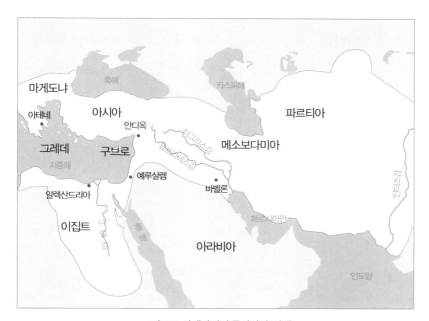

〈지도1〉 알렉산더의 통치영역(흰색)

Note

✛ 헬라
오늘날 그리스를 비롯한 유럽
의 남동지역, 발칸반도의 남
쪽에 있던 나라로 로마에 의
해서 정복되기 전까지 유럽문
화의 중심지였다. 도시국가로
구성되었던 헬라는 마게도냐
의 필립 2세에 의해 정복당했
으며, 아들인 알렉산더 때에
는 애굽과 인도에까지 이르는
거대한 제국을 이루었다. 그
러나 알렉산더의 사후 헬라제
국은 그의 부하들에 의해 3개
로 분열되었으며, 그 뒤 쇠퇴
를 거듭하다가 로마에 의해 멸
망한다.

있었는가? 페르시아 덕분에 이스라엘은 다시 한 번 재기의 발판을 마련하게 되었다. 그런데 B.C. 330년경 헬라✛의 알렉산더가 출현하면서 새로운 상황에 직면한다. 마게도냐의 왕이었던 알렉산더가 주변을 정복하고 동방의 페르시아까지 멸망시키고 세력을 확장하면서 이스라엘은 헬라의 통치를 받게 되고, 문화적으로 예속되었다.

알렉산더는 10년 후인 B.C. 320년에 죽는다. 이후 이스라엘은 혼란기를 거쳐 이스라엘을 기준으로 북쪽에 시리아를 중심으로 셀류커스 왕조가, 남쪽에 이집트를 중심으로 하여 프톨레미 왕조가 세워졌다. 이들은 차례로 이스라엘을 지배한다. B.C. 320~197년경까지는 프톨레미 왕조의 영향 아래에, B.C. 197~166년경까지는 셀류커스 왕조의 영향에 있게 되었다.

이 기간 동안 엄청나게 많은 유대인이 헬라 전역으로 흩어진다. 이미 앗수르와 바벨론에게 끌려와 메소포타미아 전역에 흩어져 살다가 귀환하지 못한 유대인들을 포함하여 디아스포라 유대인들은 수를 헤아리기 어려울 정도로 많았다. 모르드개와 에스더도 디아스포라 유대인 중 하

〈지도2〉 프톨레미 왕조가 유대지역을 지배할 당시(B.C. 300)

〈지도3〉 셀류커스 왕조가 유대지역을 지배할 당시(B.C. 197)

나였다(에 2:5~7).

　시간이 흘러 이들은 유대인의 언어를 잊게 되었다. 헬라의 지배를 받던 모든 곳에서 헬라어가 공용어로 통용되었는데, 흩어진 유대인들을 위해 구약 히브리어 성경을 헬라어로 번역한 칠십인경⁺이 생겨났다. 유대인의 가장 큰 명절 오순절에는 외국에 사는 많은 유대인이 예루살렘으로 몰려드는데, 그들은 바로 디아스포라 유대인의 후손들이었다(행 2:5, 9~11).

〈지도4〉 1세기 유대인 디아스포라의 주요 거주지역

✚ 잠시의 독립, 하스몬 왕조와 로마⁺의 지배

셀류커스 왕조의 사실상 마지막 왕이었던 안티오쿠스 4세(B.C. 175~164)는 유대인들을 무참히 짓밟았다. 그는 유대인의 성전을 더럽히고, 할례를 금지하며, 안식일을 지키지 못하게 하는 등 무자비한 짓

Note

⁑ 칠십인경
신구약 중간시대 당시 이집트의 알렉산드리아에 거주하던 유대인들에 의해 헬라어로 번역된 구약성경을 말한다. 칠십 명이 번역에 참여했다고 하여 70인경으로 불리게 되었다. 이 70인경의 탄생배경에 대해 이집트의 톨레미 2세(B.C. 285~246) 시대 관리였던 아리스테아스의 편지에서는 다음과 같이 이야기한다. "알렉산드리아의 황실 도서관장이 도서관 비치용으로 유대인들을 위한 헬라어 성경 번역이 필요하다고 제의했다. 이에 톨레미 2세는 이 제안을 수락했으며, 그를 예루살렘의 대제사장인 엘르아살에게 보내 성경번역을 위한 사본과 학자들의 파송을 요청하였다. 그 결과 12지파에서 6명씩 총 72인이 선발되었다. 이들은 이집트의 바로 섬에서 70일 만에 번역을 마쳤으며, 그들의 역본은 유대인회의를 거쳐 인증받게 되었다."

⁑ 로마
B.C. 8세기경 이탈리아 반도에 위치한 작은 도시에서 시작된 로마는 점차 이탈리아 반도와 유럽, 지중해를 넘어 북아프리카와 페르시아와 이집트까지 영역을 확장하였다. 과거 페르시아나 헬라 제국보다 훨씬 더 넓고 정비된 대제국을 이루었으며, 신약성경의 배경이 바로 로마제국 시대였다.

Note

들을 자행했다. B.C. 167년경 유대인이 이에 대항하여 독립운동을 일으켰다. 주동자는 하스몬 가문의 맛다디아와 그의 다섯 아들이었다. 다섯 아들 중 셋째인 유다가 지도자로 활약하였으며, 그의 별명 마카비(쇠망치라는 뜻)의 이름을 따서 후에 이 혁명은 '마카비 혁명'이라고 불리게 되었다. 20여 년에 걸친 이 혁명을 통해 유대인은 예루살렘을 탈환하고, 성소에서 헬라의 제우스상을 몰아냈다. 이로써 유대인 독립국가인 하스몬 왕조시대가 열리게 되었다.

이후 동방으로 세력을 넓히던 로마의 폼페이우스✛ (1차 삼두정치의 주인공 중 한 명)가 예루살렘을 정복하게 되었고, 이후 유대지역이 로마의 통치 아래 있던 상황에서 예수님이 탄생하게 된다.

✛ **폼페이우스**
공화정 시대 말기 로마의 정치가이자 군인. 아프리카와 유럽, 아시아 대륙에서 전공을 세워 당대 최고의 힘과 권력을 누렸다. B.C. 60년 크라수스, 카이사르와 함께 제1차 3두정치를 실시했고, B.C. 52년에는 로마 역사 최초로 단독 집정관이 되었다.

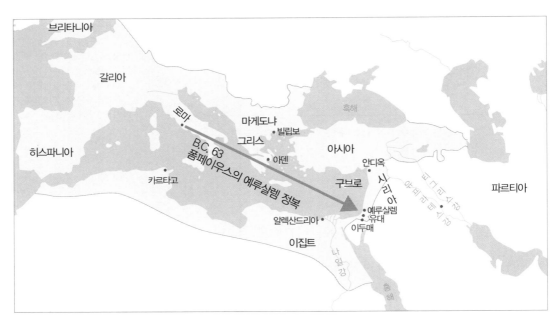

〈지도5〉 예수님 당시 로마의 통치지역

로마의 통치	
총독	마 10:18, 27:2, 28:14; 눅 2:2, 3:1, 20:20; 행 13:7, 8, 12, 18:12, 19:38, 23:24, 24:1, 10, 26:30; 벧전 2:14
분봉왕	마 14:1; 눅 3:1, 9:7; 행 13:1
천부장	막 6:21; 요 18:12; 행 21:32~34, 22:24, 23:10, 24:22, 25:23
백부장	마 8:5, 27:54; 막 15:39; 눅 7:2, 23:47; 행 10:1, 21:32, 22:25, 23:17, 24:23, 27:1
세리	마 5:46, 9:10, 10:3, 11:19, 18:17, 21:31; 막 2:15; 눅 3:12, 5:27, 7:29, 15:1, 18:10, 19:2

율법신앙	
존경받던 바리새인들	마 3:7, 5:20, 9:11, 12:2, 15:1, 16:1, 19:3, 21:45, 22:15, 23:2; 막 2:16, 3:6, 7:1, 8:11, 10:2, 12:13; 눅 5:17, 6:2, 7:30, 11:37~39, 12:1, 13:31, 14:1, 15:2, 16:14, 17:20, 18:10, 19:39; 요 1:24, 3:1, 4:1, 7:32, 8:3, 9:13, 11:46, 12:19, 18:3; 행 5:34, 23:6~9, 26:5; 빌 3:5

유대인들의 자체적 종교법	
성전	마 4:5, 12:5, 21:12, 23:16, 24:1, 26:55, 27:6; 막 11:11, 12:35, 13:1, 14:49, 15:29; 눅 1:9, 2:27, 4:9, 11:51, 18:10, 19:45, 20:1, 21:5, 22:4, 24:53; 요 2:14, 5:14, 7:14, 8:2, 10:23, 11:56, 18:20; 행 2:46, 3:1~3, 4:1, 5:20, 21:26~30, 22:17, 24:6, 25:8, 26:21; 고전 3:16, 9:13; 고후 6:16; 엡 2:21; 계 3:12, 11:1, 14:15, 15:5, 16:1, 21:22
산헤드린 공회	마 5:22, 10:17, 26:59; 막 13:19, 14:55, 15:1; 눅 22:66, 23:50; 요 11:47; 행 4:15, 5:21, 6:12, 22:30, 23:1, 23:6, 24:20
대제사장	마 2:4, 16:21, 20:18, 21:15, 26:3, 27:1, 28:11; 막 2:26, 8:31, 10:33, 11:18, 14:1, 15:1; 눅 3:2, 9:22, 19:47, 20:1, 22:2, 23:4, 24:20; 요 7:32, 11:47, 12:10, 18:3, 19:6; 행 4:6, 5:17, 7:1, 9:1, 22:5, 23:2, 24:1, 25:2, 26:10; 히 2:17, 3:1, 4:14, 5:1, 6:20, 7:26, 8:1, 9:7, 13:11
사두개인	마 3:7, 16:1, 22:23; 막 12:18; 눅 20:27; 행 4:1, 5:17, 23:6~8

언어	
공용어 : 헬라어 실제 사용 언어 : 아람어	달리다굼("내가 네게 말하노니 소녀야 일어나라" / 막 5:41), 에바다("열리라" / 막 7:34) 호산나("구원하소서" / 마 21:9, 15; 막 11:9, 10; 요 12:13), 라가(유대인의 욕설 "바보", "멍청이" / 마 5:22), 랍오니("선생님" / 요 20:16), 고르반("하나님에게 드림이 되었다" / 막 7:11) 엘리 엘리 라마 사박다니("나의 하나님, 나의 하나님 어찌하여 나를 버리셨나이까" / 마 27:46; 막 15:34)

신약성경을 이해하기 위한 배경들

예수님이 탄생하시고 사역하시던 당시 유대지역은 로마 총독과 로마가 세운 분봉왕의 통치를 받았다. 그런데 공용어는 로마의 언어인 라틴어보다는 헬라어였고, 실제 생활에서는 바벨론의 언어인 아람어를 사용하는, 매우 독특한 환경에 놓여 있었다. 아람어가 유대인이 쓰던 고대 히브리어와 유사하였기 때문이다. 신약성경은 로마의 통치(총독, 분봉왕, 천부장 등의 군인들, 세리와 같은 직업들), 유대인의 독특한 율법신앙(존경받던 바리새인들), 유대인의 자체적 종교법(성전, 산헤드린공회, 대제사장, 사두개인들), 헬라의 문화적 영향력(공용어인 헬라어)과 실제 사용한 언어인 아람어[+]의 배경을 가지고 이해해야 한다는 것을 기억할 필요가 있다.

✛ 아람어
아람사람들이 사용하던 언어로, 셈어에 속하며 히브리어나 베니게어와 비슷하다. 아람은 B.C. 8세기에 앗수르에 의해 정복당했으나 아람어는 앗수르 등 고대 근동에서 국제적인 언어로 계속 사용되었다. 아람어는 신약시대 예수님과 초대교회가 사용했던 언어이기도 하다.

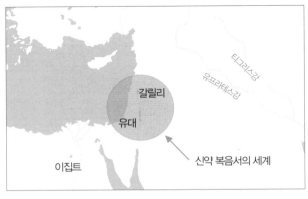

〈지도6〉 신약 복음서의 세계

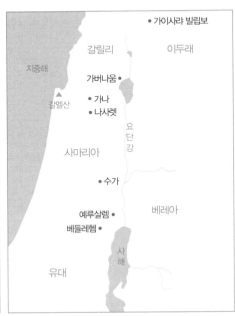

〈지도7〉 신약시대의 이스라엘

✟ 복음서의 지리적 배경

신약은 구약의 배경이 되는 땅 이스라엘에서 시작되지만, 지명이나 경계가 많이 달라졌다. 신약의 복음서는 갈릴리호수와 요단강을 중심으로 한 이스라엘 지역을 배경으로 한다. 그때의 지명들과 큰 도시들을 기억할 필요가 있다. 요단강 서편부터 살펴보자. 예루살렘 중심의 유대, 남쪽으로 에돔 사람의 땅이라는 뜻의 이두매, 유대의 북쪽으로 유대인들이 잘 가지 않았던 지역인 사마리아가 있다. 갈릴리호수 서쪽에는 예수님의 성장지역인 나사렛을 포함한 갈릴리가 있다. 요단강 동편으로는 세례 요한이 활동한 지역으로 알려진 베레아, 데가볼리 지역 등이 있다.

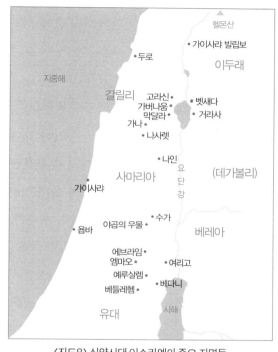

〈지도8〉 신약시대 이스라엘의 주요 지명들

신약의 역사가 시작될 무렵 경건한 유대인들은 주로 예루살렘을 중심으로 한 유대지역과 갈릴리호수를 중심으로 한 지역에 살고 있었다는 것을 기억해야 한다(중부 사마리아는 제외).

예수님이 탄생하실 무렵 이스라엘 전체를 다스리던 헤롯 대왕은 아들들에게 나라를 셋으로 나눠 물려주었다. 아켈라오는 유대와 사마리아,✟ 안디바는 갈릴리와 베레아, 빌립은 이두매와 드라고닛 지방의 분봉왕이었다. 예수님의 유년 시절에 아켈라오는 추방되었고, 유대지역은 총독이 다스리는 지역이 되었다. 예수님이 십자가에 죽으실 때, 예수님을 재판한 것은 유대지역을 다스리는 총독이었다. 빌라도는 유대에

✟ 사마리아
이스라엘의 중부에 위치한 이곳은 북이스라엘의 수도로서, 북이스라엘의 정치와 문화의 중심적 역할을 감당했다. B.C. 722년 앗수르에 의해 북이스라엘이 멸망하자(왕하 17:3~6), 앗수르는 사마리아에 살던 이스라엘 백성의 일부를 당시 앗수르가 지배하던 여러 지역으로 강제이주시켰다. 동시에 여러 지역의 식민지 주민들을 사마리아로 이주시켰다(왕하 17:24). 이로 인하여 사마리아 지역의 신앙은 혼합주의적인 경향을 띠게 되었으며, 사마리아인은 유대인에게 배척당하게 된다.

파견된 다섯 번째 총독이다.

✚ 〈사도행전〉, 서신서, 〈요한계시록〉의 지리적 배경

예수님이 승천하신 이후 예루살렘을 중심으로 교회가 세워지고 주변으로 확장되기 시작했다. 스데반이 순교한 이후 예루살렘교회 성도들은 수리아의 안디옥과 구브로 등지로 흩어져 교회를 세웠다. 안디옥교회에서 바울과 바나바가 1차 선교를 떠난 이후로 복음은 소아시아와 유럽, 로마에까지 전파되어 수많은 교회가 세워졌다. 〈사도행전〉과 서신서에 나오는 지명을 이해하기 위해서는 먼저 사도시대에 로마의 속주들의 명칭을 기억해 두어야 한다. 그리고 그 속주들에 속해 있던 도시를 익혀 두면 매우 유익하다. 〈요한계시록〉의 일곱 교회는 모두 로마의 속주 아시아에 속해 있었다.

〈지도9〉 사도시대의 로마 속주

✟ 신약관통을 위한 신약역사 개관

총 100년 정도에 불과한 신약시대를 이해하는 일은 쉽지 않다. 이 시대를 이해하려면 우선 예수님과 바울의 활동시기를 알고, 성경이 다루는 시기와 기록된 연대를 대략적으로 파악해야 한다. 그 당시 이스라엘은 로마 황제의 지배를 받고 있었기 때문에 당시 로마 황제를 알아두는 것도 필요하다. 로마 황제의 칙령은 예수님의 출생에 영향을 미쳤고(가이

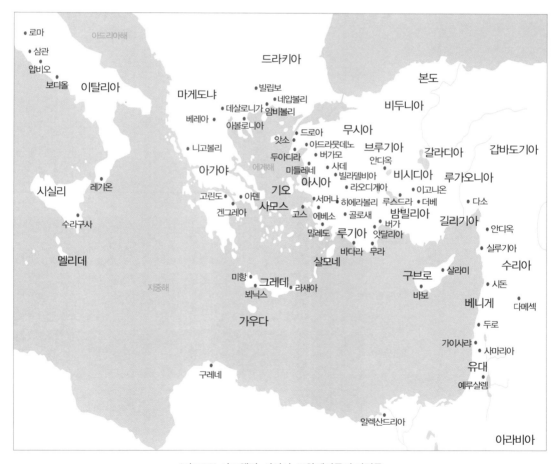

〈지도10〉 사도행전, 서신서, 요한계시록의 지명들

사 아구스도, 눅 2장), 예수님의 공생애 기간에는 디베료 황제가 통치하고 있었다(눅 3장). 유명한 브리스길라와 아굴라 부부는 글라우디오 황제의 유대인 추방령에 의해 로마를 떠나 고린도로 이주하여 바울을 만났다(행 18장). 이처럼 로마의 황제는 신약성경과 깊은 관계가 있다.

하나 더 알아둘 것은 예수님의 어린 시절이었던 A.D. 6년부터 예루살렘이 멸망한 A.D. 70년까지 유대지역이 로마에서 파송한 총독의 통치를 받고 있었다는 것이다. 총독은 해변에 있는 가이사랴(황제에 속한 도

신약 역사 연대표

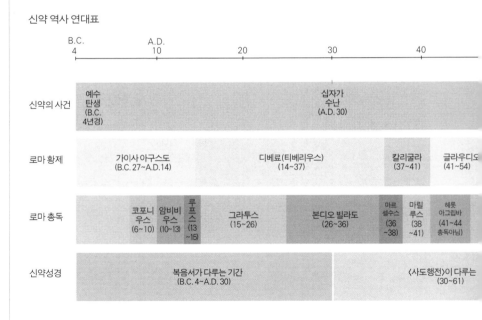

시라는 뜻)에 거주하며 예루살렘을 오갔다. A.D. 41~44년은 총독 없이 헤롯 가문의 분봉왕 헤롯 아그립바 1세가 다스리기도 했다. 총독은 예수님을 재판했으며(본디오 빌라도), 후에 바울의 재판에도 관여한다(벨릭스, 베스도). 유대의 총독으로 대단한 사람들이 파견된 것은 아니었고, 주로 시리아 총독의 지도를 받고 있었다고 전해진다. 다음의 표를 통해 신약 역사의 개관을 대신한다.

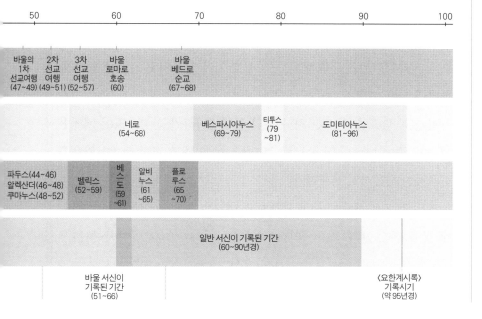

2 신약 전체 관통

✝ 하나님나라의 성취, 예수_복음서

Note

1장에서 간략히 살펴본 신약의 배경을 기초로 하여, 하나님나라의 관점으로 신약성경을 관통해 보자. 구약성경은 온 인류의 진정한 구원자 메시아에 의해 세워질 하나님나라를 예언한 선지서로 끝났다. 그리고 신약성경은 창조 때 시작된 역사 속의 하나님나라가 선지자들이 예언한 메시아, 즉 하나님의 아들 예수 그리스도에 의해 온전히 성취되었음을 선포하는 복음서로 시작한다.

복음서는 네 가지 다양한 관점으로 예수의 사역과 가르침을 인류에게 전해 주고 있다. 복음서의 목적은 하나이다. 십자가의 죽음을 통해 하나님의 나라를 성취하신 인류의 구원자 예수 그리스도를 전하는 것이다.

결국 복음서에서 전하는 예수 그리스도의 말씀에 따라 회개하고, 그분을 주님으로 영접하는 자가 아브라함의 자녀요, 하나님의 백성이다. 하나님은 아브라함과 다윗의 자손으로 이 땅에 오신 하나님의 아들 예수 그리스도를 믿는 자들에게 누구나 하나님의 백성이 될 권세를 주셨다(요 1:12). 예수 그리스도 이후에는 유대인과 이방인의 구분이 사라졌다. 예수를 믿고 하나님의 백성이 된 그들에게는 권세가 주어지고 하나님의 땅(영역)이 주어진다.

〈요한복음〉 1:12
영접하는 자 곧 그 이름을 믿는 자들에게는 하나님의 자녀가 되는 권세를 주셨으니

Note

    오직 성령이 너희에게 임하시면 너희가 권능을 받고 예루살렘과 온 유대와 사마리아와 땅 끝까지 이르러 내 증인이 되리라 하시니라(행 1:8)

그것은 바로 이 세상에서 하나님나라 백성으로 축복을 누리며(마 5:3~10), 이 땅을 하나님나라로 만드는 하나님의 기업을 상속하는 것이다.

    그러므로 너희는 가서 모든 민족을 제자로 삼아 아버지와 아들과 성령의 이름으로 세례를 베풀고 내가 너희에게 분부한 모든 것을 가르쳐 지키게 하라 볼지어다 내가 세상 끝날까지 너희와 항상 함께 있으리라 하시니라(마 28:19~20)

이 모든 일은 교회를 통해 이루어진다.

    또 내가 네게 이르노니 너는 베드로라 내가 이 반석 위에 내 교회를

세우리니 음부의 권세가 이기지 못하리라(마 16:18)

이 세상을 하나님나라로 만들어가기 위해 하나님이 세우실 교회의 권세와, 교회를 통해 복음으로 정복할 열방들이 하나님의 백성에게 주어진다. 이것이 이미 메시아를 예언한 〈시편〉에 기록된 하나님나라의 영토이다.

> 내가 여호와의 명령을 전하노라 여호와께서 내게 이르시되 너는 내 아들이라 오늘 내가 너를 낳았도다 내게 구하라 내가 이방 나라를 네 유업으로 주리니 네 소유가 땅 끝까지 이르리로다 네가 철장으로 그들을 깨뜨림이여 질그릇 같이 부수리라 하시도다(시 2:7~9)

하나님의 백성이 하나님이 주신 땅에서 약속받은 기업의 축복을 누리기 위해서, 우리는 예수님의 가르침에 따라 살아야 한다. 예수님은 구약을 계승하여 율법을 완성하셨고, 우리가 어떻게 살아야 하는지 완벽하게 가르치셨다. 예수님의 가르침에 따라 사는 것이 바로 하나님의 주권을 지키는 것이다. 복음서 특히 〈마태복음〉과 〈누가복음〉에 하나님의 주권을 지키며 살아가는 삶을 설교하신 예수님의 말씀이 많이 기록되어 있다. 대표적인 것이 〈마태복음〉의 5대 설교✝이며, 〈누가복음〉에 나오는 많은 비유이다.

✝〈마태복음〉5대 설교
산상설교(5~7장), 전도파송설교(10장), 천국비유설교(13장), 제자도 설교(18장), 종말설교(24~25장)

✝ 하나님나라(교회)의 확장, 역사서 _ 〈사도행전〉

하나님나라를 성취하기 위해 오신 예수 그리스도께서 모든 사역을 마치고 승천하신 이후, 예수님의 제자들은 복음을 전하기 시작했다. 그렇게 지상에서 하나님나라를 확장하는 도구로 교회가 세워졌다. 교회를 통해 이방지역에서 선교하며 복음이 폭발적으로 확장되었는데, 이 과정을 기록한 책이 역사서(사도행전)이다. 베드로를 통해 예루살렘에 세워진 하나님의 나라, 즉 교회는 바울을 통해 이방지역으로 급속히 확장되어 땅끝을 향하여 나아간다. 하나님나라를 위해 헌신하는 교회의 지도자들은 성령 충만하여 엄청난 사명을 감당하게 되며, 풍성한 열매를 맺게 되었다.

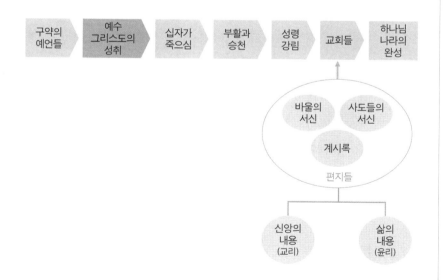

하나님나라의 확장

✚ 하나님나라 백성의 신앙과 삶 _ 서신서

하나님나라는 사도들을 통하여 급속히 확장되었는데, 그 과정에서 수 많은 성도가 하나님의 백성이 되며, 그들에 의해 교회가 세워졌다. 사도 들은 여러 지역을 순회하면서 복음을 전했고, 교회를 세웠다. 그리고 교 회들에 지도자를 세우기도 하였고, 파송하기도 하였다. 이 과정에서 사 도들은 주로 서신을 통해 교회에 가르침을 전달하고 발생한 문제들을 해결했다. 이렇게 교회가 세워지고 하나님나라가 확장되는 과정에서 기록된 것이 서신서이다. 서신서는 바울 서신이 13권, 야고보와 요한, 베드로와 유다 등의 저자들을 통하여 8권이 기록되었다.

서신서는 하나님나라 백성의 신앙과 삶에 대한 가르침이 주된 내용 이다. 각 서신서는 하나님나라 백성, 다시 말해 성도의 신앙과 삶이 어 때야 하는지, 즉 교리와 윤리의 문제들을 다루고 있다. '성경은 무엇인 가? 하나님과 예수님과 성령님은 어떤 분이신가? 구원은 어떻게 받는 것인가? 종말에 일어날 일은 무엇이며 성도는 어떻게 종말을 대비해야 하는가?' 하는 것들에 대한 대답이다. 또한 핍박과 환난을 이기는 법, 이 단을 대처하는 방법 등도 다루고 있다. 성도의 삶 전반에 대한 다양한 내용이 기록되어 있다. 이 서신서들을 통해 우리는 우리가 믿고 있는 믿 음의 내용을 정확히 구성할 수 있으며, 이 시대를 어떻게 살아야 하는지 에 대한 근거를 분명히 발견할 수 있다.

✚ 하나님나라의 완성, 예언서 _ 〈요한계시록〉

하나님나라는 이렇게 교회를 통하여 온 세계로 확장되어 나갔다. 그리고 예수님이 재림하여 완성될 그때를 바라보며 나아간다. 예수의 재림으로 세상에 종말이 올 것이라는 가르침은 이미 복음서와 서신서에 많이 나온다. 신약의 예언서 〈요한계시록〉은 단지 세상에 종말이 올 것을 말하는 책이 아니다. 하나님나라의 완성을 기대하는, 그리스도의 재림을 기다리는 성도들이 어떻게 마지막 때까지 영적 전쟁에서 승리할 수 있는지를 묵시문학✛의 형태로 기록한 책이다.

〈요한계시록〉을 통해 우리는 이미 시작된 말세의 징조들을 보게 된다. 영적 전쟁에서 패배하고 있는 다섯 교회(일곱 교회 중에서)의 사례를 통해 영적 전쟁에서 승리하기 위한 여러 교훈을 얻게 된다(계 2~3장). 〈요한계시록〉에 계속 반복되는 환상들, 하나님나라의 승리(1장, 4~5장, 7장, 14장, 17~22장)와 말세에 겪을 환난의 징조(6장, 8~9장, 12~13장, 15~16장)들은 놀라운 위로의 말씀이다. 성도들은 환난의 시기를 겪을 때에도 하나님나라가 성취되는 영원한 승리를 바라볼 수 있는 것이다.

신약은 이렇게 〈요한계시록〉으로 마무리된다. 우리는 〈요한계시록〉을 보면서 말세의 환난에도 믿음을 잃지 않고, 하나님의 주권을 지키며 음녀 바벨론의 세력에 굴복하지 않고 살아간다. 그러다 보면 하나님나라의 영원한 승리를 누리게 된다.

> 이기는 자와 끝까지 내 일을 지키는 그에게 만국을 다스리는 권세를 주리니 그가 철장을 가지고 그들을 다스려 질그릇 깨뜨리는 것과 같이 하리라 나도 내 아버지께 받은 것이 그러하니라(계 2:26~27)
> 이기는 그에게는 내가 내 보좌에 함께 앉게 하여 주기를 내가 이기고 아버지 보좌에 함께 앉은 것과 같이 하리라(계 3:21)

✛ 묵시문학
기원 전후의 유대교, 기독교의 종말론적 색채가 짙은 일련의 문학. '묵시'는 '계시'와 동의어이며, 신에 의해 비밀이 계시되는 것을 말한다. 구약의 〈다니엘서〉, 신약의 〈요한계시록〉이 대표적인 예이다.

하나님이 세상을 창조하시며 계획하신 하나님의 나라는 결국 예수 그리스도의 재림으로 완성된다. 그리고 승리한 모든 하나님의 백성은 영원한 하나님의 나라에서 영원한 축복의 삶을 누리게 될 것이다.

✛ 신약성경은
하나님나라의 성취부터 완성까지의 과정

신약성경은 구약 선지자들의 예언을 성취하신 예수 그리스도를 통해 하나님나라가 성취되었고, 그 나라의 복음이 온 세상에 확장되어 완성을 향해 나아가는 과정을 기록한 책이다. 신약성경은 첫째 하나

복음서 : 하나님나라의 성취, 예수	
마태복음	왕(2:2, 27:37)이신 예수님을 유대인에게
마가복음	죽으신 하나님의 아들(1:1, 15:39) 예수님을 당시의 이방 성도들에게
누가복음	구원자(2:11, 19:10)이신 예수님을 통치자 데오빌로에게
요한복음	하나님(1:1, 14:9)이신 예수님을 헬라문화권 사람들에게
역사서 : 하나님나라(교회)의 확장	
사도행전	베드로와 사도 바울의 유대와 이방지역 전도
서신서 : 하나님나라 백성의 신앙과 삶	
바울 서신	바울이 가르친 교리와 생활윤리
일반 서신	여러 사도가 전하는 신앙에 대한 교훈
예언서 : 하나님나라의 완성	
요한계시록	성도의 영적 전쟁과 하나님나라의 완성

한눈으로 보는 신약성경

님이 구약을 통해 이루어 오신 하나님의 나라가 예수 그리스도를 믿는 백성을 통해서 구성된다는 것과, 둘째 그들에게는 교회를 통해 하나님 나라의 영토가 열방으로 확장되는 기업의 풍성함이 주어진다는 것과, 셋째 그 모든 성취는 끝까지 하나님나라를 소망하며 세상 권세의 핍박(계 12~13장)과 물질의 유혹(계 18:10~13)을 이기고 하나님의 주권을 지키며 말씀대로 살아가는 자들에게 주어진다는 것을 우리에게 말해 주는 유일하고 완벽한 하나님의 말씀이다. 옆의 표는 신약 전체의 내용을 한눈에 보도록 정리한 것이다.

3 복음서: 하나님나라의 성취, 예수

✚ 선지서의 예언들을 성취한 복음서

복음서는 하나님의 나라를 성취하실 예수 그리스도의 사역과 가르침을 증언하는 책들이다. 구약시대에 하나님이 이스라엘을 선택하고 구원하신 것은, 첫째 예수 그리스도를 통해 구원을 온 인류로 확대하시고, 둘째 나라와 인종을 초월하여 천하 만민을 하나님나라의 백성으로 삼으시고, 셋째 그들을 통해 이 땅에 하나님의 나라를 이루시다가, 넷째 결국 예수님의 재림을 통해 영원한 하나님의 나라로 그들을 인도하시기 위한 그분의 계획이었다. 그 하나님의 모든 계획이 구약에서 약속하신 메시아, 예수 그리스도를 통해 성취되었음을 기록한 책이 바로 복음서인 것이다.

복음서는 구약(특히 마지막 파트인 선지서)에 나타난 메시아와 메시아가 세울 새 언약의 약속을 예수님이 성취했음을 분명히 전하고 있다.

> 여호와의 말씀이니라 보라 날이 이르리니 내가 이스라엘 집과 유다 집에 새 언약을 맺으리라 …… 그러나 그 날 후에 내가 이스라엘 집과 맺을 언약은 이러하니 곧 내가 나의 법을 그들의 속에 두며 그들의 마음에 기록하여 나는 그들의 하나님이 되고 그들은 내 백성이 될 것이라 여호와의 말씀이니라 …… 내가 그들의 악행을 사하고 다시는 그 죄를 기억하지 아니하리라 여호와의 말씀이니라(렘 31:31~34)
> 저녁 먹은 후에 잔도 그와 같이 하여 이르시되 이 잔은 내 피로 세우는 새 언약이니 곧 너희를 위하여 붓는 것이라(눅 22:20)

예수님의 십자가 죽음과 부활사건은 인류를 하나님의 백성으로 삼으시려는 하나님의 새 언약의 성취였으며, 인류를 구원하시려는 하나님 사랑의 완성이었다. 따라서 복음서들은 구약 선지서의 약속들이 성취된 것을 밝히기 위해 서두 부분에 선지서를 인용하고, 그 말씀들이 세례 요한을 통해 예수께로 이어지며 성취되었음을 기록하고 있다.

> 그 때에 세례 요한이 이르러 유대 광야에서 전파하여 말하되 회개하라 천국이 가까이 왔느니라 하였으니 그는 선지자 이사야를 통하여 말씀하신 자라 일렀으되 광야에 외치는 자의 소리가 있어 이르되 너희는 주의 길을 준비하라 그가 오실 길을 곧게 하라 하였느니라(마 3:1~3)
> 선지자 이사야의 글에 보라 내가 내 사자를 네 앞에 보내노니 그가 네 길을 준비하리라 광야에 외치는 자의 소리가 있어 이르되 너희는 주의

길을 준비하라 그의 오실 길을 곧게 하라 기록된 것과 같이(막 1:2~3)

선지자 이사야의 책에 쓴 바 광야에서 외치는 자의 소리가 있어 이르되 너희는 주의 길을 준비하라 그의 오실 길을 곧게 하라 모든 골짜기가 메워지고 모든 산과 작은 산이 낮아지고 굽은 것이 곧아지고 험한 길이 평탄하여질 것이요 모든 육체가 하나님의 구원하심을 보리라 함과 같으니라(눅 3:4~6)

또한 복음서 저자들은 자신들이 증거하는 예수 그리스도가 구약 선지서가 예언한 메시아의 모습을 그대로 성취하고 있음을 보여 주었다.

그러므로 주께서 친히 징조를 너희에게 주실 것이라 보라 처녀가 잉태하여 아들을 낳을 것이요 그의 이름을 임마누엘이라 하리라(사 7:14)

이 모든 일이 된 것은 주께서 선지자로 하신 말씀을 이루려 하심이니 이르시되 보라 처녀가 잉태하여 아들을 낳을 것이요 그의 이름은 임마누엘이라 하리라 하셨으니 이를 번역한즉 하나님이 우리와 함께 계시다 함이라(마 1:22~23)

베들레헴 에브라다야 너는 유다 족속 중에 작을지라도 이스라엘을 다스릴 자가 네게서 내게로 나올 것이라 그의 근본은 상고에, 영원에 있느니라(미 5:2)

이르되 유대 베들레헴이오니 이는 선지자로 이렇게 기록된 바 또 유대 땅 베들레헴아 너는 유대 고을 중에서 가장 작지 아니하도다 네게서 한 다스리는 자가 나와서 내 백성 이스라엘의 목자가 되리라 하였음이니이다(마 2:5~6)

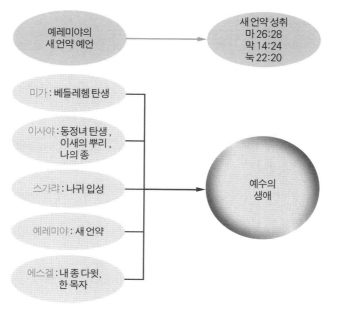

선지서의 예언과 복음서의 성취

✚ 예수 그리스도는 하나님나라의 성취

창조 이후 구약시대를 통해 이어 오던 역사 속의 하나님나라 개념은 하나님나라를 성취하신 예수 그리스도를 통하여 성취되었다.

> 또 이르시되 내가 너희와 함께 있을 때에 너희에게 말한 바 곧 모세의 율법과 선지자의 글과 시편에 나를 가리켜 기록된 모든 것이 이루어져야 하리라 한 말이 이것이라 하시고(눅 24:44)

예수님이 완성하신 하나님나라의 복음은 제자들을 통해 온 세상으로 확장될 것이다.

또 이르시되 이같이 그리스도가 고난을 받고 제삼일에 죽은 자 가운데서 살아날 것과 또 그의 이름으로 죄 사함을 받게 하는 회개가 예루살렘에서 시작하여 모든 족속에게 전파될 것이 기록되었으니 너희는 이 모든 일의 증인이라 (눅 24:46~48)

복음서는 하나님의 아들 예수 그리스도를 통해 하나님이 계획하신 하나님나라가 이스라엘을 넘어서 온 세계로 확장되며, 예수 그리스도의 재림을 통해 완성될 것임을 보여 준다.

내 아버지 집에 거할 곳이 많도다 그렇지 않으면 너희에게 일렀으리라 내가 너희를 위하여 거처를 예비하러 가노니 가서 너희를 위하여 거처를 예비하면 내가 다시 와서 너희를 내게로 영접하여 나 있는 곳에 너희도 있게 하리라 (요 14:2~3)

하나님나라의 백성 이스라엘의 개념은 예수 그리스도를 믿는 모든 인류로 확장되었다. 가나안의 개념도 모든 민족이 거하는 '땅끝'까지 넓어졌다. 하나님의 주권 개념은 구약의 율법에서 예수와 사도들이 복원한 율법, 즉 하나님과 이웃 사랑으로 전환되었다(마 5:17). 예수님은 구약의 율법을 폐하신 것이 아니라, 진정한 의미를 복원시키고, 하나님의 주권을 인정하며 살아가기 위해 성령의 인도하심에 따를 것을 가르치셨다.

내가 아직 너희와 함께 있어서 이 말을 너희에게 하였거니와 보혜사 곧 아버지께서 내 이름으로 보내실 성령 그가 너희에게 모든 것을 가

르치고 내가 너희에게 말한 모든 것을 생각나게 하리라(요 14:25~26)

하나님의 주권을 인정하는 삶은 하나님을 사랑하고 이웃을 사랑하는 것이다.

사랑은 이웃에게 악을 행하지 아니하나니 그러므로 사랑은 율법의 완성이니라(롬 13:10)

예수님은 십자가에 죽으심으로 하나님나라를 성취하시고, 다시 오실 때까지 온 세상에 하나님나라를 확장하시기 위하여 제자들에게 사명을 주셨다.

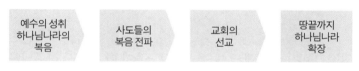

하나님나라의 성취와 확장

✚ 공생애를 통해 하나님나라를 가르치심

예수님의 공생애는 하나님나라를 가르치는 것이었다.

이 때부터 예수께서 비로소 전파하여 이르시되 회개하라 천국이 가까이 왔느니라 하시더라(마 4:17)

이르시되 때가 찼고 하나님의 나라가 가까이 왔으니 회개하고 복음

을 믿으라 하시더라(막 1:15)

예수님의 가르침에는 하나님나라에 대한 비유가 매우 많았다.

  예수께서 그들 앞에 또 비유를 들어 이르시되 천국은 좋은 씨를 제 밭에 뿌린 사람과 같으니(마 13:24)

  또 비유를 들어 이르시되 천국은 마치 사람이 자기 밭에 갖다 심은 겨자씨 한 알 같으니 …… 또 비유로 말씀하시되 천국은 마치 여자가 가루 서 말 속에 갖다 넣어 전부 부풀게 한 누룩과 같으니라(마 13:31, 33)

  천국은 마치 밭에 감추인 보화와 같으니 사람이 이를 발견한 후 숨겨 두고 기뻐하며 돌아가서 자기의 소유를 다 팔아 그 밭을 사느니라 또 천국은 마치 좋은 진주를 구하는 장사와 같으니 …… 또 천국은 마치 바다에 치고 각종 물고기를 모는 그물과 같으니(마 13:44, 45, 47)

직접적인 비유 이외에도 예수님은 성도들이 이 땅에서 하나님나라의 백성으로 어떻게 살아야 하는지, 어떻게 하나님이 주인 되신 삶을 실천해야 하는지 수많은 비유로 가르치셨다.

  너희가 각각 마음으로부터 형제를 용서하지 아니하면 나의 하늘 아버지께서도 너희에게 이와 같이 하시리라(마 18:35)

또한 이 세상 역사 속의 하나님나라를 넘어서서 예수의 재림 후 영원히 계속될 완성된 하나님나라를 가르치며 준비하는 삶을 가르치셨다.

인자가 자기 영광으로 모든 천사와 함께 올 때에 자기 영광의 보좌
에 앉으리니 모든 민족을 그 앞에 모으고 각각 구분하기를 목자가 양
과 염소를 구분하는 것 같이 하여(마 25:31~32)

✛ 예수님의 이적은 하나님의 아들이신 것을 증거

예수 그리스도의 모든 이적은 그분이 하나님의 아들이신 것과 그분을
통해 하나님나라가 성취될 것임을 선포하는 것이었다.

그러나 내가 하나님의 성령을 힘입어 귀신을 쫓아내는 것이면 하나
님의 나라가 이미 너희에게 임하였느니라(마 12:28)

이미 선지자들은 하나님의 구원이 성취되고, 하나님의 백성이 영적
으로 회복하여 하나님이 주신 땅을 회복할 때 이적이 나타날 것을 예언
했다.

그 때에 맹인의 눈이 밝을 것이며 못 듣는 사람의 귀가 열릴 것이며
그 때에 저는 자는 사슴 같이 뛸 것이며 말 못하는 자의 혀는 노래하
리니 이는 광야에서 물이 솟겠고 사막에서 시내가 흐를 것임이라(사
35:5~6)

예수님은 구약의 예언을 성취하시며 많은 이적을 통해 자신이 하나
님의 아들임을 나타내셨다.

배에 있는 사람들이 예수께 절하며 이르되 진실로 하나님의 아들이로소이다 하더라(마 14:33)

내가 네게 이르노니 일어나 네 상을 가지고 집으로 가라 하시니 그가 일어나 곧 상을 가지고 모든 사람 앞에서 나가거늘 그들이 다 놀라 하나님께 영광을 돌리며 이르되 우리가 이런 일을 도무지 보지 못하였다 하더라(막 2:11~12)

그들이 심히 두려워하여 서로 말하되 그가 누구이기에 바람과 바다도 순종하는가 하였더라(막 4:41)

사람들이 심히 놀라 이르되 그가 모든 것을 잘하였도다 못 듣는 사람도 듣게 하고 말 못하는 사람도 말하게 한다 하니라(막 7:37)

예수를 믿는 자들에게는 하나님나라가 임하며, 하나님의 자녀로서 권세가 주어진다는 것을 가르치셨다.

믿는 자들에게는 이런 표적이 따르리니 곧 그들이 내 이름으로 귀신을 쫓아내며 새 방언을 말하며 뱀을 집어올리며 무슨 독을 마실지라도 해를 받지 아니하며 병든 사람에게 손을 얹은즉 나으리라 하시더라(막 16:17~18)

예수님은 이적을 통해 사탄의 권세는 결박될 것이며, 하나님의 백성이 복음을 들고 더 넓은 세상을 하나님이 통치하는 땅으로 바꾸고, 더 많은 영혼들을 하나님의 백성으로 만들 수 있다는 것을 보이신 것이다.

| 예수의 이적들 | 하나님의 아들임을 증거 | 하나님 아들의 십자가 죽음 | 하나님 나라의 성취 |

공생애를 통해 하나님나라를 가르치심

✝ 예수님의 수난은 하나님나라의 성취

예수님의 십자가 수난은 하나님나라의 성취였다. 인류가 하나님의 백성이 되기 위해서는 죄에서 구원을 얻어야 한다. 이미 선지자들은 메시아가 오셔서 우리를 대신하여 죽으실 것을 예언했다.

> 그가 찔림은 우리의 허물 때문이요 그가 상함은 우리의 죄악 때문이라 그가 징계를 받으므로 우리는 평화를 누리고 그가 채찍에 맞으므로 우리는 나음을 받았도다 우리는 다 양 같아서 그릇 행하여 각기 제 길로 갔거늘 여호와께서는 우리 모두의 죄악을 그에게 담당시키셨도다 (사 53:5~6)
>
> 여호와께서 그에게 상함을 받게 하시기를 원하사 질고를 당하게 하셨은즉 그의 영혼을 속건제물로 드리기에 이르면 그가 씨를 보게 되며 그의 날은 길 것이요 또 그의 손으로 여호와께서 기뻐하시는 뜻을 성취하리로다 (사 53:10)
>
> 예수께서 신 포도주를 받으신 후에 이르시되 다 이루었다 하시고 머리를 숙이니 영혼이 떠나가시니라 (요 19:30)

복음서는 십자가에 죽으신 예수 그리스도를 믿는 것이 하나님의 백성이 되는 길이며, 하나님과의 영원한 언약에 동참하는 길임을 전하고 있다.

> 영접하는 자 곧 그 이름을 믿는 자들에게는 하나님의 자녀가 되는 권세를 주셨으니(요 1:12)
> 내가 진실로 진실로 너희에게 이르노니 내 말을 듣고 또 나 보내신 이를 믿는 자는 영생을 얻었고 심판에 이르지 아니하나니 사망에서 생명으로 옮겼느니라(요 5:24)

하나님의 백성은 영원히 그의 죽으심을 기념하는 공동체이다.

> 이것은 죄 사함을 얻게 하려고 많은 사람을 위하여 흘리는 바 나의 피 곧 언약의 피니라 그러나 너희에게 이르노니 내가 포도나무에서 난 것을 이제부터 내 아버지의 나라에서 새것으로 너희와 함께 마시는 날까지 마시지 아니하리라 하시니라(마 26:28~29)
> 식후에 또한 그와 같이 잔을 가지시고 이르시되 이 잔은 내 피로 세운 새 언약이니 이것을 행하여 마실 때마다 나를 기념하라 하셨으니 너희가 이 떡을 먹으며 이 잔을 마실 때마다 주의 죽으심을 그가 오실 때까지 전하는 것이니라(고전 11:25~26)

결국 예수 그리스도의 삶은 하나님나라를 가르치는 과정이었으며, 그의 죽으심은 하나님나라를 온전히 성취하는 사건이었다. 복음서는 온 인류를 구원하여 이 세상에 하나님나라를 이루어 가시려는 하나님의 뜻이 온전히 성취되었음을 기록한 책이다.

✚ 네 개의 복음서

하나님나라 관점으로 본 복음서의 제목은 하나님나라의 성취이신 예수이다. 복음서들은 네 가지 관점으로 서로 다른 대상에게 예수님이 하나님나라의 성취이심을 증거하려고 기록한 책이다.

마태의 대상은 유대인이다. 따라서 〈마태복음〉은 시작부터 아브라함과 다윗의 자손이신 예수 그리스도께서 성취하신 하나님나라의 복음을 전한다.

　　아브라함과 다윗의 자손 예수 그리스도의 계보라(마 1:1)

마태는 예수님을 유대인의 왕이자 온 인류의 왕으로 선포하고 있다.

　　유대인의 왕으로 나신 이가 어디 계시냐 우리가 동방에서 그의 별을 보고 그에게 경배하러 왔노라 하니(마 2:2)
　　그 머리 위에 이는 유대인의 왕 예수라 쓴 죄패를 붙였더라(마 27:37)

마가의 대상은 이방 성도들이다. 〈마가복음〉은 예수 그리스도는 혈통과 상관없는 하나님의 아들이시며, 그에 의해 하나님나라 복음이 시작되었음을 전하고 있다.

하나님의 아들 예수 그리스도의 복음의 시작이라(막 1:1)

세상의 지도자들과는 달리, 죄 없는 하나님의 아들이 인류를 위해 대신 죽으심으로 하나님나라가 성취되었음을 전하고 있는 것이다.

예수를 향하여 섰던 백부장이 그렇게 숨지심을 보고 이르되 이 사람은 진실로 하나님의 아들이었도다 하더라(막 15:39)

〈누가복음〉은 당시의 지도자에게 예수님을 역사 그대로 전하려고 기록되었다(눅 1:1~4). 누가는 데오빌로✝라는 이름의 통치자에게 예수 그리스도의 소식을 역사적 사실 그대로 전하면서 예수 그리스도가 온 인류의 구원자이심을 변증하고 있다.

✝ 데오빌로
'하나님의 친구'라는 이름의 의미를 지닌 데오빌로는 〈누가복음〉과 〈사도행전〉의 수신자이다. 성경에는 그에 대한 설명이 없다. 하지만 누가가 그에게 '각하'라는 칭호를 붙인 것으로 보아, 데오빌로는 당시 신분이 높은 통치자였으며, 이방인 중에서 개종한 사람이었을 것으로 추정한다.

오늘 다윗의 동네에 너희를 위하여 구주가 나셨으니 곧 그리스도 주시니라(눅 2:11)
인자가 온 것은 잃어버린 자를 찾아 구원하려 함이니라(눅 19:10)

누가가 전하는 예수 그리스도는 세상의 권세자까지도 구원하는 온 인류의 구원자이다. 하나님나라의 성취자인 것이다.
〈요한복음〉은 가장 후대의 복음서이다. 헬라의 영향이 강하게 배어 있는 소아시아, 나아가 모든 지역 사람에게 참 하나님이신 예수 그리스도를 전하고 있다.

태초에 말씀이 계시니라 이 말씀이 하나님과 함께 계셨으니 이 말씀은 곧 하나님이시니라(요 1:1)

Note

요한은 헬라적 표현으로 '위에서 나셨고 땅에 속하지 않으신' 참 하나님 예수 그리스도를 믿고 구원을 얻으라고 모든 성도를 초청하고 있다.

예수께서 이르시되 너희는 아래에서 났고 나는 위에서 났으며 너희는 이 세상에 속하였고 나는 이 세상에 속하지 아니하였느니라(요 8:23)

예수께서 이르시되 빌립아 내가 이렇게 오래 너희와 함께 있으되 네가 나를 알지 못하느냐 나를 본 자는 아버지를 보았거늘 어찌하여 아버지를 보이라 하느냐(요 14:9)

예수님이 전하는 복음은 '땅의 나라'가 아닌 '하나님나라'인 것이다.

	대상	목적	예수님에 대한 선포
마태	유대인	예수님이 '구약에서 예언하신 메시아임'을 알리기 위해	왕(2:2, 27:37)
마가	이방 성도들	우리를 구원하기 위해 죽으신 예수님을 알려 선교하기 위해	죽으신 하나님의 아들(1:1, 15:39)
누가	통치자 데오빌로	통치자에게 예수님만이 온 인류의 구원자이심을 변증하기 위해	온 인류의 구원자(2:11, 19:10)
요한	헬라문화권 사람들	참 하나님이신 예수님을 믿고 구원을 얻도록 하기 위해	참 하나님(1:1, 14:9)

4개의 관점으로 예수님을 선포

✝ 복음서들의 공통점과 차이점

네 개의 서로 다른 복음서는 놀랍도록 일치하면서도 각 대상들에 맞게 특화되어 있다. 전체는 하나의 아름다운 하모니를 이룬다. 각 복음서의 목적은 하나이다. 바로 예수 그리스도를 통해 성취된 하나님나라의 복음을 전하는 것이다.

네 복음서의 공통점은 다음과 같다.

첫째, 예수 그리스도의 삶과 사역을 이야기 형태로 전달하며 예수님의 모습을 그대로 증거했다. 복음서들은 메시아이며 구원자이신 예수님의 모습을 다양한 증언으로 전달하고 있다.

둘째, 예수 그리스도의 십자가 사역에 많은 부분을 할애하여, 그가 십자가의 죽음과 부활을 통해 인류를 구원하셨음을 증거하였다. 그의 사역의 목적은 십자가를 통한 인류의 구원이다.

셋째, 예수님이 행하신 초자연적인 이적들을 통해 그분이 하나님의 아들인 것을 전하고 있다(각각 10회, 4회, 6회, 7회). 복음서가 증언하는 예수는 단지 위대한 인간이 아니라, 참 하나님이셨다.

네 복음서는 차이점이 있는데, 이 차이점은 각 복음서의 대상과 기록 방식이 다르기 때문에 발생한다.

첫째, 〈마태복음〉은 예수님의 족보와 탄생을 자세히 기록하고 있다. 〈누가복음〉은 예수님의 탄생과 족보뿐 아니라 세례 요한의 출생과 성장까지도 자세히 기록하고 있다. 〈마가복음〉과 〈요한복음〉은 예수님의 탄생이나 성장과정, 족보 등을 전혀 기록하지 않았다. 〈마가복음〉은 예수님의 신적 사역과 십자가 수난만을 간략하게 기록했고, 〈요한복음〉은 처음부터 예수님을 하나님으로 소개하며, 예수님의 이적들을 설명과 더불어 기록하며 예수님의 신성을 강조했다.

둘째, 〈마태복음〉과 〈누가복음〉은 예수님이 가르치셨던 말씀을 많이 기록하고 있다. 〈마태복음〉은 예수님의 가르침을 예수님의 사역과 별도로 산상설교, 종말설교를 비롯하여 다섯 개의 큰 설교로 묶어서 소개한

복음서 : 하나님나라의 성취, 예수

- 서로 다른 관점의 네 복음서가 예수 그리스도의 복음을 완전히 기록함
- 예수는 구약에서 약속된 하나님나라의 성취
- 예수의 길을 준비한 세례 요한에 대한 기록, 예수의 십자가 수난과 죽음은 네 복음서에 공통된 증언

마태복음 : 왕(2:2, 28:37)이신 예수님을 유대인에게

아브라함과 다윗으로 이어지는 예수님의 족보 기록
예수님의 사역과 설교를 번갈아 기록, 구약의 성취를 강조
예수님의 사역(1~4장, 8~9장, 11~12장, 14~17장, 19~22장, 26~28장)
예수님의 설교(5~7장, 10장, 13장, 18장, 23~25장)

마가복음 : 죽으신 하나님의 아들(1:1, 15:39) 예수님을 당시의 이방 성도들에게

예수님이 하나님의 아들임을 증거하고, 하나님 아들의 수난과 죽음을 기록
1:1~8:26 : 예수님의 이적을 집중적으로 기록
8:27~16:20 : 종으로 오신 예수님의 수난의 길과 죽음을 기록

누가복음 : 구원자(2:11, 19:10)이신 예수님을 통치자 데오빌로에게

가장 역사적인 기록
공생애 이전(1장~4:13) : 과정의 설명
갈릴리 사역(4:14~9:50) : 주요 이적과 복음 설교
예루살렘으로의 여정(9:51~19:27) : 비유를 통한 가르침
죽음과 부활(19:28~24장)
빈부귀천 남녀노소 모두의 구원자이신 예수
(2:8 목자들, 7:13 과부, 8:2 여인들, 10:33 사마리아인, 16:22 거지 나사로, 17:16~18 사마리아 나병환자, 18:13~14 세리, 19:5 세리장 삭개오)
독특한 비유들

요한복음 : 하나님(1:1, 14:9)이신 예수님을 헬라문화권 사람들에게

가장 후대에 기록된 해설적이며 보편적인 복음
1장~12장 : 예수님의 표적(사건과 해설), 예수님은 누구신가("나는 ~이다")
13장~21장 : 예수님의 가르침과 죽음

복음서 관통하기

다. 천국에 대한 비유와 종말을 준비하는 자세에 대한 비유 등 비유도 많다. 〈누가복음〉은 예수님의 사역 중간에 계속해서 예수님의 가르침을 기록한다. 〈마가복음〉은 주로 예수님의 사역에 초점을 맞추고, 가르침에 대해서는 천국 비유 등만 간략히 전한다. 하나님의 아들 예수 그리스도가 수난당하여 죽으신 것에 초점을 맞추었기 때문이다. 〈요한복음〉은 특정한 사건들을 선별하고 예수님의 "나는 ~이다"라는 가르침을 따라 예수님이 누구신지 전한다.

셋째, 〈누가복음〉은 시간의 순서에 따라 예수님의 사역을 기록하면서 중간에 탕자의 비유와 어리석은 부자의 비유, 부자와 나사로의 이야기 등 독특한 비유를 많이 기록했다. 시간 순서대로 정확히 기록하려는 의도 때문이다. 〈누가복음〉에는 소외된 사람들과 죄인들에 대한 예수님의 관심이 많이 표현된다. 이는 이방인과 소외된 계층들을 비롯한 온 인류를 위해 예수님이 구원자로 오셨음을 선포하기 위함이다.

넷째, 〈요한복음〉은 예수님이 행하고 가르치신 것들을 그대로 전하려 애썼던 다른 세 복음서와는 다르게 예수님의 생애에 있었던 사건들 중 중요한 사건만을 뽑아 해설을 곁들여 기록하고 있다(2장 가나의 결혼식, 3장 니고데모, 4장 수가성 여인, 5장 베데스다 병자, 6장 오병이어, 9장 태어나면서부터 소경된 자, 11장 나사로의 죽음 등). 요한은 그 사건들과 그 사건들의 결론으로 예수님이 누구이신지를 전하려 했다. 〈요한복음〉은 앞선 세 복음서의 결론으로, 예수님은 우리를 구원하시는 하나님의 아들이며, 그분이 하나님과 동등하신 분임을 전했다. 요한이 소개한 예수님은 하나님과 동등하신 우리의 주님이시다.

✚ 공관복음과 〈요한복음〉의 기록방식의 차이

공관복음이라고 부르는 〈마태복음〉, 〈마가복음〉, 〈누가복음〉은 예수님의 사역을 갈릴리에서의 사역과 예루살렘으로의 여정과 예루살렘에서의 사역으로 나누어 기록한다. 그런데 〈요한복음〉은 전혀 다른 방식으로 기록한다. 갈릴리와 예루살렘을 오가시며 사역하신 예수님의 모습

	갈릴리 사역 (많은 이적과 갈등)	예루살렘으로의 여정 (십자가 예언과 가르침)	예루살렘 사역 (수난과 죽음)
마태	1:1~16:12	16:13~20:34	21:1~28:20
마가	1:1~8:26	8:27~10:52	11:1~16:20
누가	1:1~9:17	9:18~19:27	19:28~24:53

요한	
서론	1:1~18
예루살렘 / 유대	1:19~42 세례 요한 / 안드레 베드로
갈릴리	1:43~2:12 빌립과 나다나엘 / 혼인잔치
예루살렘 / 유대	2:13~3:36 성전개혁 / 유월절 / 니고데모 / 요한의 세례
이동 중에 사마리아	4:1~42 수가성 여인
갈릴리	4:43~54 왕의 신하의 아들 고침
예루살렘 / 유대	5장 명절 / 베데스다 / 아들의 권세 / 예수에 대한 증언
갈릴리	6:1~7:9 오병이어 / 물 위 걸으심 / 나는 생명의 떡이라
예루살렘 / 유대	7:10~11:53 초막절 사역 / 나는 세상의 빛 / 음행한 여인 / 날 때부터 맹인 / 나는 양의 문 / 선한 목자 / 나사로 / 나는 부활이요 생명
잠시 은닉	11:54~57 에브라임이란 동네
예루살렘	12~21장 향유 / 유월절 만찬 / 나는 길 진리 생명 / 십자가 / 부활 / 제자사역

을 기록하는 것이다. 특히 명절에 예루살렘에 가셨던 일들을 기록함으로써 공관복음과 내용에서 차이가 많다.

✚ 하나님나라의 성취로서 예수 그리스도의 생애

예수님은 하나님나라에 대해 가르치시고, 하나님나라가 성취된 증거로 많은 이적을 행하셨다. 그리고 생애 전체를 통해 구약의 모든 메시아 예언을 성취하시고, 십자가에 죽고 부활하심으로 하나님나라 복음을 온전히 완성하셨다.

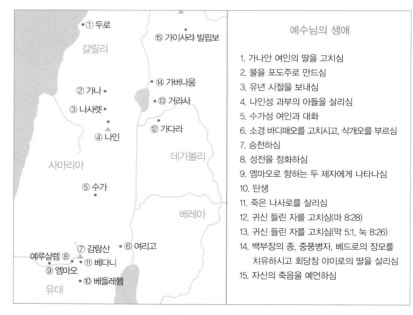

〈지도11〉 예수님의 생애

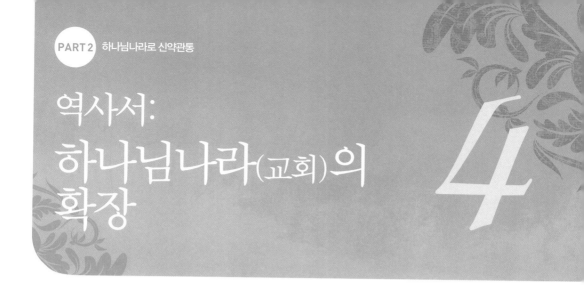

역사서:
하나님나라(교회)의 확장

4

✝ 교회의 확장과정을 기록한 역사서_〈사도행전〉

역사서 〈사도행전〉은 예수님이 전하신 하나님나라의 복음이 널리 확장되어 하나님나라가 온 유대와 사마리아, 소아시아, 유럽, 로마까지 커지는 과정을 보여 준다. 먼저 베드로 사도 중심의 예루살렘교회가 확장하는 과정을 기술한다. 그리고 예루살렘교회의 박해를 통해 흩어진 하나님의 백성이 세운 안디옥교회를 중심으로 이루어진 바울 사도의 선교를 통해 이방지역에 교회가 확장되는 과정을 기록했다. 신약성경의 역사서인 〈사도행전〉은 예수 그리스도에 의해 성취된 하나님나라의 복음이 온 세계로 확장되는 것을 보여 준다. 그리하여 재림을 통해 하나님나라가 완성될 때까지 교회시대의 모든 과정이 하나님나라를 온 세계로 확장하는 과정이라는 것을 확증하고 있다.

✝ 예루살렘교회의 확장과정

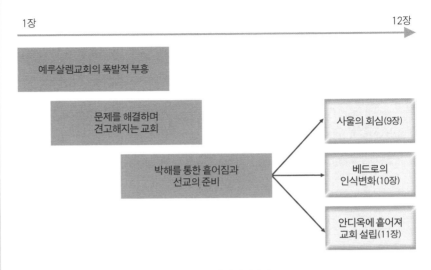

예루살렘교회의 확장과정

1. 예루살렘교회의 폭발적 부흥

예수님이 승천하신 이후 그분을 따르던 많은 사람은 마가의 다락방에 모여 약속하신 성령님의 강림을 기다린다.

> 여자들과 예수의 어머니 마리아와 예수의 아우들과 더불어 마음을 같이하여 오로지 기도에 힘쓰더라(행 1:14)

그리고 예수님을 배반하고 죽은 유다를 대신하여 맛디아를 뽑아 하나님나라를 확장하는 사역의 기초를 다진다.

제비 뽑아 맛디아를 얻으니 그가 열한 사도의 수에 들어가니라 (행 1:26)

오순절✝에 성령님이 강림하신 것을 기점으로 하여 예루살렘교회는 폭발적인 하나님나라의 확장을 경험한다.

그 말을 받은 사람들은 세례를 받으매 이 날에 신도의 수가 삼천이나 더하더라 (행 2:41)
말씀을 들은 사람 중에 믿는 자가 많으니 남자의 수가 약 오천이나 되었더라 (행 4:4)

예루살렘교회는 단지 숫자가 늘어난 게 아니었다. 공동체가 성령이 충만하다는 말은 그들이 신비한 현상에 빠졌다는 것을 의미하지 않는다. 성령이 충만한 그들은 담대히 하나님의 말씀을 전했다. 또한 이기적인 삶을 버리고 서로를 진정으로 섬기는 교회 공동체로 성장해 갔다.

빌기를 다하매 모인 곳이 진동하더니 무리가 다 성령이 충만하여 담대히 하나님의 말씀을 전하니라 믿는 무리가 한마음과 한 뜻이 되어 모든 물건을 서로 통용하고 자기 재물을 조금이라도 자기 것이라 하는 이가 하나도 없더라 (행 4:31~32)

심지어 예수님을 죽이는 데 앞장섰던 제사장들까지도 하나님나라의 일원이 된다.

✝ 오순절
구약의 유월절, 초막절과 더불어 구약의 3대 절기 중 하나이다. 오순절은 유대인들이 유월절 축제 때에 보릿단을 바치고 난 후 50일 뒤에 이 축제가 시작되어 붙여진 이름이며, 이날부터 처음 익은 열매의 봉헌이 시작되었다. 또한 보리추수를 시작할 때 하나님에게 감사드리는 날이기 때문에 맥추절이라고도 하며, 유월절 이후 7주가 지난 다음 날이기 때문에 칠칠절이라고도 한다.

하나님의 말씀이 점점 왕성하여 예루살렘에 있는 제자의 수가 더 심히 많아지고 허다한 제사장의 무리도 이 도에 복종하니라(행 6:7)

예루살렘교회의 확장과정을 기록한 〈사도행전〉 1~12장은 다음과 같은 요약으로 마무리된다.

하나님의 말씀은 흥왕하여 더하더라(행 12:24)

2. 문제를 해결하며 견고해지는 교회

하나님나라를 확장하는 과정에 있었던 예루살렘교회는 많은 문제에 부딪힌다. 하지만 그 문제들을 슬기롭게 극복하고 더욱 견고해진다. 그들이 직면했던 문제들은 먼저 복음전파에 대한 핍박이다.

그들을 불러 경고하여 도무지 예수의 이름으로 말하지도 말고 가르치지도 말라 하니 베드로와 요한이 대답하여 이르되 하나님 앞에서 너희의 말을 듣는 것이 하나님의 말씀을 듣는 것보다 옳은가 판단하라(행 4:18~19)

하지만 예루살렘교회의 사도와 성도는 굴하지 않고 복음을 전했다. 헤롯은 야고보 사도를 죽이고, 베드로 사도도 옥에 가두었으나, 베드로 사도는 하나님의 놀라운 역사로 탈출하여 사역을 계속했다.

그 때에 헤롯 왕이 손을 들어 교회 중에서 몇 사람을 해하려 하여 요
한의 형제 야고보를 칼로 죽이니 유대인들이 이 일을 기뻐하는 것을
보고 베드로도 잡으려 할새 때는 무교절 기간이라 잡으매 옥에 가두어
군인 넷씩인 네 패에게 맡겨 지키고 유월절 후에 백성 앞에 끌어 내고
자 하더라 이에 베드로는 옥에 갇혔고 교회는 그를 위하여 간절히 하
나님께 기도하더라(행 12:1~5)

예루살렘교회에서 일어난 또 다른 문제는 돈에 관한 시험이었다. 아
나니아와 삽비라는 재산을 팔아 헌신하고 존경을 받는 주위의 성도들
을 보고 자신들도 물질을 헌신하려 했다. 하지만 돈에 대한 욕심이 일어나
사도들을 속이려 했다가 성령을 속인다고 책망받고 그 자리에서 죽었다.

곧 그가 베드로의 발 앞에 엎드러져 혼이 떠나는지라 젊은 사람들이
들어와 죽은 것을 보고 메어다가 그의 남편 곁에 장사하니 온 교회와
이 일을 듣는 사람들이 다 크게 두려워하니라(행 5:10~11)

이 일을 통해 예루살렘교회는 물질에 대한 욕심에 큰 경고를 받고 견
실한 교회가 되었을 것이다.

또한 예루살렘교회는 여러 지역의 사람으로 구성되다 보니 구성원
간의 갈등도 있었다. 특히 본토에 살던 히브리파 유대인들과 이방지역
에서 온 헬라파 유대인들 사이의 갈등은 하나님나라 복음의 확장을 막
는 장애물이었다. 하지만 이 갈등은 오히려 하나님나라에 헌신된 일꾼
들을 세워 교회가 견고해지는 결과를 가져왔다.

그 때에 제자가 더 많아졌는데 헬라파 유대인들이 자기의 과부들이 매일의 구제에 빠지므로 히브리파 사람을 원망하니 열두 사도가 모든 제자를 불러 이르되 우리가 하나님의 말씀을 제쳐 놓고 접대를 일삼는 것이 마땅하지 아니하니 형제들아 너희 가운데서 성령과 지혜가 충만하여 칭찬 받는 사람 일곱을 택하라 우리가 이 일을 그들에게 맡기고 우리는 오로지 기도하는 일과 말씀 사역에 힘쓰리라 하니(행 6:1~4)

3. 박해로 인한 흩어짐과 선교 준비

예루살렘교회는 놀라운 성장을 경험하면서, 유대인들의 대대적인 박해에 직면하게 되었다. 특히 일곱 집사 중 한 사람이었던 스데반의 설교를 듣고 격분한 유대인들이 스데반을 죽이고 엄청난 박해를 자행한다.

그들이 돌로 스데반을 치니 …… 사울은 그가 죽임 당함을 마땅히 여기더라 그 날에 예루살렘에 있는 교회에 큰 박해가 있어 사도 외에는 다 유대와 사마리아 모든 땅으로 흩어지니라(행 7:59~8:1)

이 박해 때문에 사도들 이외에 많은 하나님의 백성이 유대와 사마리아로 흩어지고, 멀리 구브로와 안디옥까지 이르게 된다.

결과적으로 유대인들에 의한 박해는 유대인들이 경멸하던 사마리아 지역에도 하나님나라가 확장되게 하는 촉매제가 되었다.

빌립이 사마리아 성에 내려가 그리스도를 백성에게 전파하니(행 8:5)

빌립이 사마리아에 복음을 전했다는 사실은 베드로와 요한처럼 예루살렘을 지키고 있던 사도들까지도 사마리아지역에 관심을 갖게 했고, 빌립은 에티오피아 내시에게 세례를 베풀어 아프리카까지도 하나님나라가 확장되는 기틀이 다져진다.

> 예루살렘에 있는 사도들이 사마리아도 하나님의 말씀을 받았다 함을 듣고 베드로와 요한을 보내매 …… 이에 명하여 수레를 멈추고 빌립과 내시가 둘 다 물에 내려가 빌립이 세례를 베풀고(행 8:14, 38)

스데반을 박해하는 데 앞장섰던 유대인들은 더욱 열심을 다해 멀리 흩어진 그리스도인들을 색출하려고 계획을 세운다. 그 계획의 일환으로 열심 유대인이자 바리새인이었던 사울은 시리아의 다메섹으로 원정박해를 떠난다. 그런데 그 여정에서 온 세계에 하나님나라가 확장되는 데 가장 결정적인 전환점이 되는 사건이 일어난다. 바로 사울의 회심이다.

> 땅에 엎드러져 들으매 소리가 있어 이르시되 사울아 사울아 네가 어찌하여 나를 박해하느냐 하시거늘(행 9:4)

사울은 다메섹에 있던 아나니아라는 사람의 인도함을 받고 이방인들을 위해 선교해야 할 비전을 갖게 된다. 그는 바나바의 인도로 예루살렘에 가지만, 죽음의 위협을 받고 고향 다소로 가게 된다. 이후 바나바는 다소에 있던 바울을 데리고 시리아의 안디옥교회로 가게 된다. 그곳에서 말씀을 가르치며 바울과 바나바는 안디옥교회의 지도자가 된다.

이렇게 바울이 바나바의 도움을 받아 선교를 위한 그릇으로 준비되고 있는 동안, 예루살렘에 있던 베드로에게 놀라운 일이 일어난다. 그는 환상 중에 율법에 부정하다고 기록한 짐승들을 먹으라는 하늘의 음성을 듣는다.

또 두 번째 소리가 있으되 하나님이 깨끗하게 하신 것을 네가 속되다 하지 말라 하더라(행 10:15)

그는 이 환상을 본 후에 가이사랴에 있는 군대의 백부장 고넬료의 집을 방문하게 되고, 이방인들도 성령의 임재를 체험하며 구원을 얻을 수 있다는 사실을 깨닫게 된다.

베드로가 입을 열어 말하되 내가 참으로 하나님의 사람의 외모를 보지 아니하시고 각 나라 중 하나님을 경외하며 의를 행하는 사람은 다 받으시는 줄 깨달았도다(행 10:34~35)

바리새인으로서 최고의 율법과 지식을 소유했던 사울의 회심과 예루살렘교회의 최고 지도자 베드로의 이방인에 대한 인식 변화는 이방지역들에 교회를 세우시고 하나님나라를 확장하시려는 하나님의 놀라운 섭리였던 것이다.

✚ 이방교회의 확장과정

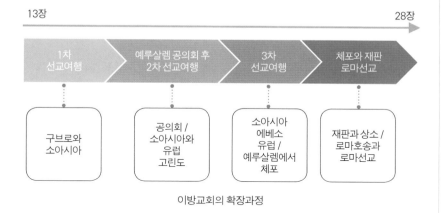

이방교회의 확장과정

1. 1차 선교여행(13~14장) : 구브로와 소아시아

바울과 바나바는 안디옥교회에서 하나님의 말씀을 가르치는 사역을 감당하다가 선교를 위한 성령의 인도하심을 받는다. 그들은 함께 선교를 떠난다. 그들의 1차 선교여행은 구브로 섬과 소아시아지역, 즉 현재 터키의 중남부 지역이었다.

> 주를 섬겨 금식할 때에 성령이 이르시되 내가 불러 시키는 일을 위하여 바나바와 사울을 따로 세우라 하시니 이에 금식하며 기도하고 두 사람에게 안수하여 보내니라 두 사람이 성령의 보내심을 받아 실루기아에 내려가 거기서 배 타고 구브로에 가서(행 13:2~4)

바울은 시리아의 안디옥을 떠나 구브로 섬을 거쳐, 소아시아 남부의 비시디아 안디옥, 이고니온과 더베, 루스드라 지역에서 복음을 전한다.

안디옥과 루스드라의 유대인들은 바울을 돌로 쳐서 죽음 직전까지 몰고 가지만, 바울은 굴하지 않고 사역을 마치고 다시 안디옥으로 돌아온다.

> 유대인들이 안디옥과 이고니온에서 와서 무리를 충동하니 그들이 돌로 바울을 쳐서 죽은 줄로 알고 시외로 끌어 내치니라 제자들이 둘러섰을 때에 바울이 일어나 그 성에 들어갔다가 이튿날 바나바와 함께 더베로 가서 복음을 그 성에서 전하여 많은 사람을 제자로 삼고 루스드라와 이고니온과 안디옥으로 돌아가서 …… 그들이 이르러 교회를 모아 …… 보고하고 ……(행 14:19~28)

2. 예루살렘 공의회 후 2차 선교여행(15장~18:22)
: 소아시아와 유럽(고린도 중심)

바울이 1차 선교여행을 통해 많은 이방인이 하나님의 백성이 되었지만, 유대인들 중에서는 여전히 할례를 받아야 구원을 받을 수 있다고 주장하는 사람들이 있었다. 이 문제를 해결하기 위해 예루살렘에서 회의가 있었다. 그 회의는 이방인들도 유대인들과 동일하게 예수 그리스도의 은혜로 구원을 받는다는 것을 확증하며 끝났다. 다만 이방인들에게 우상의 더러운 것과 음행과 목매어 죽은 것과 피를 멀리할 것을 당부하기로 한다.

> 그러나 우리는 그들이 우리와 동일하게 주 예수의 은혜로 구원 받는 줄을 믿노라 하니라(행 15:11)

이후 바울은 안디옥으로 돌아가서 편지로 많은 사람에게 회의의 결과를 알리고, 하나님의 말씀을 전했다. 그러던 중 다시 바나바와 함께 이전에 복음을 전했던 지역으로 가서 형제들의 믿음을 굳게 할 계획을 세운다. 하지만 마가 요한을 데려가는 문제로 바나바와 다투어, 바나바와 마가는 구브로 섬으로 가고, 바울은 실라와 함께 육로로 1차 선교여행을 했던 소아시아 남부 지역을 향해 출발한다. 바울과 실라는 소아시아 전역으로 복음을 전하려 하지만, 하나님은 2차 선교여행을 통해 유럽으로 하나님나라의 복음을 확장하신다.

> 밤에 환상이 바울에게 보이니 마게도냐 사람 하나가 서서 그에게 청하여 이르되 마게도냐로 건너와서 우리를 도우라 하거늘(행 16:9)

바울은 빌립보를 시작으로 데살로니가, 베뢰아, 아덴, 고린도 등 유럽의 주요 도시로 복음을 전한다.

> 그 후에 바울이 아덴을 떠나 고린도에 이르러(행 18:1)

바울은 이 선교여행에서 고린도에 약 1년 반 정도를 머문다. 그리고 겐그레아에 들렀다가 에게해를 건너 에베소에 잠시 머물고 가이사랴를 거쳐 안디옥으로 돌아왔다.

3. 3차 선교여행(18:23~21:16)
: 소아시아(에베소 중심)와 유럽을 거쳐 예루살렘

바울은 다시 여행을 시작해 소아시아의 갈라디아, 브루기아 땅을 거쳐 에베소에 도착하여 약 2년 반 동안 머물며 두란노서원에서 말씀을 가르친다.

> 얼마 있다가 떠나 갈라디아와 브루기아 땅을 차례로 다니며 모든 제자를 굳건하게 하니라(행 18:23)
> 아볼로가 고린도에 있을 때에 바울이 윗지방으로 다녀 에베소에 와서 어떤 제자들을 만나(행 19:1)

이후 2차 선교여행 때 복음을 전했던 마게도냐와 아가야 지방을 다시 방문했다가, 에베소를 거쳐 성령의 이끄심을 받아 예루살렘으로 간다.

> 소요가 그치매 바울은 제자들을 불러 권한 후에 작별하고 떠나 마게도냐로 가니라(행 20:1)
> 이 여러 날 후에 여장을 꾸려 예루살렘으로 올라갈새 …… 그 이레가 거의 차매 아시아로부터 온 유대인들이 성전에서 바울을 보고 모든 무리를 충동하여 그를 붙들고(행 21:15, 27)

바울은 예루살렘에서 체포될 것을 예상하고 있었을 것이다. 그의 체포로 인해 3차 선교여행을 끝나고, 거듭된 재판과 로마 여행이 시작된다.

4. 체포와 재판, 로마선교(21:17~28장)

바울은 아시아에서 온 유대인들에게 붙들리고, 심문을 당한다.

그 이레가 거의 차매 아시아로부터 온 유대인들이 성전에서 바울을 보고 모든 무리를 충동하여 그를 붙들고(행 21:27)

그는 유대인들 앞에서, 공회에서, 벨릭스 총독 앞에서 자신을 변호한다. 사실 이 모든 과정은 심문과정이 아니라, 복음전도의 과정이었다.

부형들아 내가 지금 여러분 앞에서 변명하는 말을 들으라(행 22:1)

바울이 공회를 주목하여 이르되 여러분 형제들아 오늘까지 나는 범사에 양심을 따라 하나님을 섬겼노라 하거늘(행 23:1)

총독이 바울에게 머리로 표시하여 말하라 하니 그가 대답하되 당신이 여러 해 전부터 이 민족의 재판장 된 것을 내가 알고 내 사건에 대하여 기꺼이 변명하나이다(행 24:10)

바울은 이후 벨릭스를 대신하여 파견된 베스도에 의해 심문을 받으며, 로마에서 재판받을 것을 요구한다.

베스도가 부임한 지 삼 일 후에 가이사랴에서 예루살렘으로 올라가니(행 25:1)

내가 살펴건대 죽일 죄를 범한 일이 없더이다 그러나 그가 황제에게 상소한 고로 보내기로 결정하였나이다(행 25:25)

Note   로마로 갈 것이 결정된 이후에 바울은 총독 베스도의 주재 아래 아그
립바 왕에게도 자신을 변호하며 복음을 전한다.

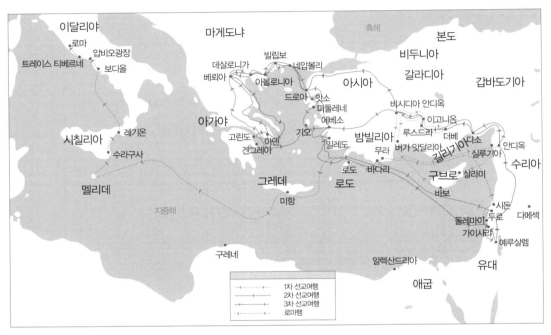

〈지도12〉 사도 바울의 선교여행을 통한 하나님나라의 확장

1차 수리아 안디옥 ⇨ 구브로의 살라미 ⇨ 바보 ⇨ 앗달리아 ⇨ 버가 ⇨ 비시디아 안디옥 ⇨ 이고니온 ⇨ 루스드라 ⇨ 더베 ⇨ 루스드라 ⇨ 이고니온 ⇨ 비시디아 안디옥 ⇨ 버가 ⇨ 앗달리아 ⇨ 실루기아 ⇨ 수리아 안디옥

2차 안디옥 ⇨ 다소 ⇨ 더베 ⇨ 루스드라 ⇨ 이고니온 ⇨ 비시디아 안디옥 ⇨ 드로아 ⇨ 네압볼리 ⇨ 빌립 보 ⇨ 아볼로니아 ⇨ 데살로니가 ⇨ 베뢰아 ⇨ 아덴 ⇨ 고린도 ⇨ 겐그레아 ⇨ 에베소 ⇨ 가이사랴 ⇨ 예루살렘 ⇨ 수리아 안디옥

3차 수리아 안디옥 ⇨ 다소 ⇨ 더베 ⇨ 루스드라 ⇨ 이고니온 ⇨ 비시디아 안디옥 ⇨ 에베소(두란노) ⇨ 드로아 ⇨ 마게도냐 ⇨ 아가야 ⇨ 마게도냐 ⇨ 빌립보 ⇨ 드로아 ⇨ 앗소 ⇨ 미둘레네 ⇨ 기오 ⇨ 밀레 도 ⇨ 고스 ⇨ 로도 ⇨ 바다라 ⇨ 두로 ⇨ 돌레마이 ⇨ 가이사랴 ⇨ 예루살렘

로마행 가이사랴 ⇨ 시돈 ⇨ 무라 ⇨ 미항 ⇨ 멜리데 ⇨ 수라구사 ⇨ 레기온 ⇨ 보디올 ⇨ 압비오 광장 ⇨ 트레 이스 타베르네 ⇨ 로마

아그립바가 바울에게 이르되 너를 위하여 말하기를 네게 허락하노
라 하니 이에 바울이 손을 들어 변명하되(행 26:1)

이후 바울은 로마시민의 권리로 로마에 재판을 받으러 가게 되는데,
오늘날의 가택 연금과 비슷한 방식으로 집에 머물면서 세계의 중심이
었던 로마에서 많은 사람에게 하나님나라의 복음을 전하게 된다.

그들이 날짜를 정하고 그가 유숙하는 집에 많이 오니 바울이 아침부
터 저녁까지 강론하여 하나님의 나라를 증언하고 모세의 율법과 선지
자의 말을 가지고 예수에 대하여 권하더라(행 28:23)

바울의 체포와 로마로 호송되는 과정은 사실 안전하게 로마에 도착
해서 선교하는 과정이었다. 사도 바울에 의한 이방교회의 확장과정을
옆의 지도로 정리한다.

5 서신서: 하나님나라 백성의 신앙과 삶

✝ 교회와 성도들에게 보낸 편지들

신약성경에서 서신서는 모두 21권이다. 이렇게 서신서가 많은 이유는 신약시대 사도들이 구약의 선지자들과 다르게 광범위한 지역을 이동하며 사역했기 때문이다. 사도들은 과거에 복음을 전했던 지역에 교리적인 문제가 생겼거나, 윤리적인 문제들이 발생하면 직접 갈 수 없는 상황에서 편지로 문제를 해결했다. 또한 자신이 간 적 없는 지역에 복음을 전하거나, 흩어진 성도들을 권면할 때에도 편지가 좋은 방편이었다. 서신서는 이런 과정에서 발생한 사도들의 소중한 저작이다. 따라서 서신서는 하나님백성이 된 사람들의 신앙과 삶을 잘 정리하고 있다.

십자가에 달려 죽으시고 부활하신 주님, 지금 하나님 보좌 우편에서 우리를 다스리시며 다시 오셔서 하나님나라를 완성하실 주님을 믿는 이들의 모임이 교회이다. 그 교회가 어떻게 예수님의 십자가 복음을 올바르게 믿고, 자신들의 문화 속에서 그 믿음대로 올바르게 살아갈 것인가를 서신서가 다루었다. 따라서 하나님백성이 된 그리스도인의 신앙과 삶의 내용을 정확히 정리하여 전달해 주고 있다. 서신서 21권 중 13권이 바울 서신이고, 나머지 8권은 야고보, 베드로, 요한, 유다와 익명의 사도(히브리서)가 기록하였다. 바울 서신은 바울이 가르친 교리와 생활윤리라고 제목을 붙일 수 있고, 일반 서신은 여러 사도의 신앙에 대한 교훈이라고 부를 수 있다. 지금까지의 내용을 표로 정리하면 다음과 같다.

서신서 : 하나님나라 백성의 신앙과 삶	
바울 서신 (로마서~빌레몬서)	바울이 가르친 교리와 생활윤리
일반 서신 (히브리서~유다서)	여러 사도의 신앙에 대한 교훈

서신서 21권 중 바울 서신과 〈히브리서〉의 제목은 수신자와 관련이 있고, 〈야고보서〉 이후의 모든 서신서의 제목은 저자와 관련되어 있다.

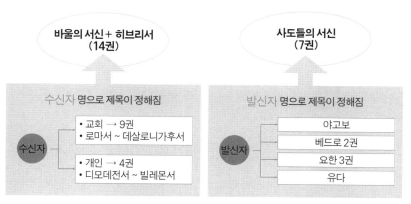

서신서 구분

바울 서신 13권 중 9권은 교회나 지역에, 4권은 개인에게 보낸 것이다.

✚ 바울 서신 : 바울이 가르친 교리와 생활윤리

바울과 사도들은 왜 서신서를 기록했는가? 먼저 바울 서신을 살펴보자. 예수님의 사역을 통해 복음을 받은 많은 제자가 생겼다. 그들은 예수님이 승천하신 이후, 그분의 복음을 널리 전하려 힘썼다. 예루살렘에서부터 여러 지역에 많은 교회가 생겼다. 특히 바울은 많은 지역을 직접 방문하여 교회를 세웠고(에베소, 고린도, 빌립보, 데살로니가 등), 자신이 직접 방문하지 않았던 지역에 이미 생긴 교회들에도 관심이 있었다(로마). 바울이 선교여행 중에 들렀던 도시들과 바울이 방문하지 않았지만, 당시 로마제국에 속했던 지역들 중에서 바울 서신의 수신지들을 〈지도13〉에서 찾아볼 수 있다.

바울이 사역하던 시대에는 아직 복음서와 다른 신약성경들이 기록되지 않았다. 헬라어로 번역된 구약성경만이 그들에게 있었을 뿐이다. 많은 교회가 세워졌고, 또한 많은 교리적인 문제가 생겼다. 구원은 어떻게 받는 것인가? 예수님을 믿는 것이 구원의 길이라면 구약은 어떻게 해석해야 하는가? 예수님의 사역은 어떤 의미가 있는가? 게다가 교회들이 세워진 지역을 지배하던 헬라의 철학과 각 지역의 문화에 영향을 받아 영

디모데전·후서 : 에베소에서 사역하는 디모데
빌레몬서 : 골로새교회의 빌레몬
디도서 : 그레데에서 사역하는 디도

〈지도13〉 바울 서신의 수신지

지주의† 및 유대교적 다른 복음, 천사숭배 등 다양한 이단적 교리들이 전해지고 있었다. 하나님의 백성은 혼란스러웠다. 바울의 서신들은 주로 이런 교회들에 진리(바른 교리적 가르침)를 전하기 위해 기록되었다. 하나님의 나라가 이 땅에 세워지기 위해서는 교회가 바른 교리적 가르침 위에 분명히 설 필요가 있었다.

또한 각 교회들은 하나님의 백성이 삶에서 만나는 문제에 대해 답을 제시해야 했다. 예수를 믿고 하나님의 백성이 되었다면 어떻게 살아야 하는가? 예수님의 사역과 가르침들은 하나님의 백성에게 어떤 삶을 요구하고 있는가? 신앙은 성도들의 삶에 어떤 윤리를 요구하는가? 바울은 이러한 문제들에 대해 분명한 교리 위에서 지침을 제시하려고 서신을 썼다. 바울의 각 서신서는 각 교회에 보내진 편지이다. 따라서 바울은 각 교회의 문제에 대해 구체적으로 답변하고 있다. 동시에 오늘날의 독자들도 서신서를 통해 모든 상황에 필요한 교리적이며 윤리적인 답변을 얻을 수 있다.

Note

✝ 영지주의
초대교회의 대표적인 이단들 중 하나. 영과 정신은 선하고 육과 물질은 악하다는 극단적 이원론에 근거한 영지주의는 구약의 창조주 하나님을 물질을 만든 저급한 신으로 보았다. 나아가 그리스도의 인성에 비해 신성을 훨씬 강조했으며, 구약과 신약의 단절성을 과도하게 주장했다.

교회, 공동체 수신

신앙 (교리)
서신서
삶 (윤리)

▶ 로마서 → 구원론
▶ 갈라디아서 → 구원과 성령론
▶ 에베소서 → 교회론
▶ 빌립보서 → 성숙한 삶
▶ 골로새서 → 기독론
▶ 데살로니가전·후서 → 종말론
▶ 고린도전·후서 → 교회윤리문제

교회의 신앙과 윤리 관련 내용

개인 수신

▶ 디모데전·후서, 디도서 → 목회지침
▶ 빌레몬서 → 복음적 삶

목회지침과 개인적 내용

바울 서신 한눈에 보기

✚ 바울 서신 각 권의 내용 정리

1. 신앙의 내용과 삶의 내용으로 구성된 바울 서신

바울의 서신들에는 하나님백성이 지녀야 할 신앙의 내용(교리)과 삶의 내용(윤리)이 잘 조화되어 있다. 다시 말해 우리가 "무엇을 믿기 때문에 어떻게 살아야 하는가"에 대해 분명히 정리되어 있다. 편지로 각 교회나 지역, 개인에게 필요한 교리적인 가르침과 삶의 지침을 전했기 때문이다. 13권의 바울 서신은 교회들에 보낸 편지(9권)와 개인에게 보낸 편지(4권)로 나눌 수 있다. 당시 세계의 중심 로마교회에는 온 인류에 대한 구원의 진리와 구원받은 자의 삶에 대해 썼다. 바울이 개척했으며 오래 머물렀던 교회, 가장 사랑했던 교회 중 하나인 고린도교회에는 두 편지가 남아 있다. 풍성한 은사가 있었으나 많은 문제를 안고 있었던 고린도교회에 보낸 첫 번째 편지를 통해, 교회에 나타난 각종 윤리적인 문제와 신비한 은사로 인해 생긴 문제에 대해 이야기한다. 두 번째 편지에서는 잘못된 가르침에 쉽게 빠지는 고린도교회를 책망하며 자신의 가르침을 따를 것을 개인의 경험들까지 넣어 호소하고 있다. 갈라디아지역의 교회에 보내는 편지에서는, 성도는 오직 믿음으로 구원받는 진리를 강조하며, 육신의 정욕을 이기고 성령을 따라 살아가는 삶에 대해 썼다.

서신서 : 하나님나라 백성의 신앙과 삶	
바울 서신 : 바울이 가르친 교리와 생활윤리	
로마서	구원에 대한 진리와 이후의 삶
고린도전서	교회의 문제들과 해결책
고린도후서	바울의 복음에 대한 변증
갈라디아서	구원으로 주어지는 자유와 성령
에베소서	교회의 영광과 성도의 삶
빌립보서	그리스도를 닮은 성숙한 삶
골로새서	그리스도의 탁월함
데살로니가전서	재림에 관한 지식
데살로니가후서	재림에 대한 준비
디모데전서	목회에 대한 지침
디모데후서	유언적 목회지침
디도서	목회지침
빌레몬서	복음의 적용과 사회변화

바울 서신 내용정리

2. 바울 서신 각 권에 대한 간략한 설명

바울은 로마제국의 도시들 중 매우 큰 규모의 도시이며, 자신이 가장 오래 머물렀던 에베소에 편지를 썼다. 삼위일체 하나님의 구원사역으로 세워진 그리스도의 몸인 교회의 영적 권세와 성도들의 영적 성장에 대한 내용이었다. 빌립보교회에는 예수 그리스도의 마음으로 성숙한 기쁨의 삶을 살 것에 대해 썼고, 골로새교회에는 예수 그리스도의 탁월함을 통해 세상의 초등학문을 버리고 예수 그리스도의 복음을 중심으로 새로운 삶을 살 것을 강조했다.

사도 바울이 가장 많이 박해를 받았던 데살로니가에 세워진 교회에는 첫 번째 편지를 통해 주님의 재림을 소망하며 박해를 이겨 낼 것을 권면하였고, 두 번째 편지를 통해서는 예수님의 재림에 대한 잘못된 가르침에 대항하여 믿음을 굳건히 지킬 것을 강조했다.

에베소에 파송한 디모데에게 보낸 첫 번째 편지에서는 하나님의 말씀 위에 분명히 서서 교회를 잘 세워 가는 방법에 대해 가르치며, 두 번째 편지에서는 변치 말고 사명을 굳건히 감당하라고 권면한다. 그레데에 파송한 디도에게는 바른 교훈 위에서 성도들을 양육하는 방법을 가르치고 있다. 빌레몬에게 믿음으로 오네시모의 잘못을 용서하고 형제로 용납할 것을 권면한다.

✝ 일반 서신 : 여러 사도의 신앙에 대한 교훈

8권의 일반 서신은 왜 쓰여졌는가? 세 가지를 염두에 두어야 하겠다.

첫째, 일반 서신들은 대부분 바울 서신보다는 후대에 기록되었다. 바울의 사역 말기부터 기독교 박해가 더욱 광범위해졌다(유대인뿐만 아니라 로마 황제까지 박해에 가담하였다). 게다가 넓은 지역에 복음이 확장되면서 각 지역의 철학과 우상숭배의 풍습들과 결합된 많은 이단적 가르침이 퍼지고 있었다. 이 문제들을 해결하기 위해 흩어진 성도들에게 가르침이 필요했다.

둘째, 일반 서신의 저자들은 야고보와 베드로, 요한과 유다 등 유대인들을 대상으로 주로 사역했던 사도들이다. 가장 후대에 기록된 요한의 서신들은 그가 말년에 소아시아에서 사역했기 때문에 좀 더 광범위한 독자들을 예상했겠지만, 야고보나 베드로나 유다는 박해로 인해 믿음이 흔들리거나 잘못된 가르침으로 거룩한 하나님 백성의 삶을 잃어버린 유대인 혈통의 하나님백성을 염두에 두고 서신을 썼을 것이다.

셋째, 일반 서신의 저자들은 바울처럼 특정한 교회나 교회의 지도자들에게 편지를 쓰지 않았다. 그들은 흩어져 있던 하나님의 백성을 모두 염두에 두고 편지를 썼다. 따라서 특정한 문제에 대한 답변보다는 그 시대 성도들의 신앙을 위한 일반적인 교훈이 담겨 있다. 일반 서신은 광범위하게 극심해지는 박해와 잘못된 이단적 가르침에 의해 하나님백성의 거룩한 삶에 대한 사명이 깨지지 않도록 성도들을 독려하는 중요한 교훈들을 담고 있다.

일반 서신 한눈에 보기

✚ 일반 서신 각 권의 내용 정리

여러 사도가 쓴 일반 서신은 모두 8권이다. 〈히브리서〉는 바울 서신의 성격을 더 많이 가지고 있다고 앞에서 설명했다. 일반 서신은 이단과 박해가 만연해지는 로마시대 초기의 하나님백성(특히 유대인 기독교인)에게 주어진 교훈들이 기록되어 있다.

〈히브리서〉는 여전히 율법과 과거의 제사제도에 얽매이는 유대인들에게 영원하신 대제사장 예수 그리스도의 속죄의 완전성을 설명하면서, 율법에 얽매인 유대인들에게 유혹되지 말고 삶 속에서 믿음을 실천하며 살아갈 것을 권면한다. 〈야고보서〉는 행함이 없는 거짓 믿음을 고발하면서 삶으로 믿음을 증명하기 위해 말과 모든 행실에 있어서 하나님백성답게 살아갈 것을 구체적으로 교훈한다. 〈베드로전·후서〉는 박해와 거짓 선지자들의 가르침에 흔들리는 각지에 흩어진 하나님의 백성에게 분명한 정체성을 가지고, 거룩한 삶으로 주님의 재림을 준비하라고 권면하는 서신이다. 요한이 쓴 세 서신은 모두 이단적 가르침과 관련되어 있다. 특히 당시에 유행하던 영지주의는 예수 그리스도께서 육체로 오신 것을 부인하면서 성도들의 삶에서 하나님의 주권을 인정하고, 사랑의 계명을 지키는 삶이 필요 없는 것처럼 가르쳤다. 그러한 거짓된 가르침을 잘 분별하고 진정으로 하나님과 교제하는 삶을 살아갈 것과 거짓 선지자들을 분별해서 유혹에 빠지지 말아야 할 것을 권면하는 서신이 바로 요한의 세 서신이다.

서신서 : 하나님나라 백성의 신앙과 삶	
일반 서신 : 여러 사도의 신앙에 대한 교훈	
히브리서	영원하신 대제사장 예수
야고보서	행함으로 증명되는 믿음
베드로전서	고난에 대한 대처
베드로후서	재림에 대한 소망
요한일서	하나님과 교제하는 삶
요한이서	이단에 대한 대처
요한삼서	전도자에 대한 대접
유다서	참된 신앙의 사수

일반 서신 내용정리

〈유다서〉도 하나님의 은혜를 저버리고 방탕하게 살아가도 된다는 방임주의를 배격하며 참된 신앙을 사수할 것을 권면하는 서신이다.

✝ 일반 서신에 나타난 박해

초대교회의 성도들에게 가해진 박해는 대단히 심각했다. 박해는 주로 첫째, 예수를 주로 고백하는 자들에게 가해지는 로마정부의 박해와 둘째, 예수를 받아들이지 않는 유대인들의 박해와 셋째, 복음이 전해짐으로 해서 손해를 보는 자들에 의한 박해가 있었다.

〈야고보서〉와 〈베드로전서〉는 편지를 시험과 고난에 대한 이야기로 시작한다.

> 내 형제들아 너희가 여러 가지 시험을 당하거든 온전히 기쁘게 여기라(약 1:2)
> 그러므로 너희가 이제 여러 가지 시험으로 말미암아 잠깐 근심하게 되지 않을 수 없으나 오히려 크게 기뻐하는도다(벧전 1:6)

〈베드로전서〉는 특별히 1절에 갑바도기아를 언급하고 있는데, 갑바도기아는 로마의 박해를 피해 지하에 굴을 파고 살았던 그리스도인들의 유적이 남겨져 있는 곳이다. 〈히브리서〉의 독자들은 잘못된 가르침을 주는 동료 유대인들에 의해 박해를 당하는 상황에 있었다.

> 전날에 너희가 빛을 받은 후에 고난의 큰 싸움을 견디어 낸 것을 생

각하라 혹은 비방과 환난으로써 사람에게 구경거리가 되고 혹은 이런 형편에 있는 자들과 사귀는 자가 되었으니(히 10:32~33)

이러한 박해는 부당한 것이었다. 하지만 믿음을 지키기 위해 인내할 것을 사도들은 권면하고 있다.

형제들아 주의 이름으로 말한 선지자들을 고난과 오래 참음의 본으로 삼으라(약 5:10)
부당하게 고난을 받아도 하나님을 생각함으로 슬픔을 참으면 이는 아름다우나(벧전 2:19)

또한 믿음을 지키다가 고난을 받는 것이 죄로 인해 하나님이 주시는 고난을 받는 것보다 복된 것임을 설명한다.

선을 행함으로 고난 받는 것이 하나님의 뜻일진대 악을 행함으로 고난 받는 것보다 나으니라(벧전 3:17)

로마시대의 박해 중에는 실제로 화형이나 원형경기장에서 맹수와의 싸움과 같은 엄청난 박해도 많았다.

사랑하는 자들아 너희를 연단하려고 오는 불 시험을 이상한 일 당하는 것 같이 이상히 여기지 말고(벧전 4:12)

이러한 박해로부터 성도들의 믿음을 지키려는 사도들의 열정이 서신서에, 특히 일반 서신에 많이 나타나 있다.

✝ 일반 서신에 나타난 이단에 대한 경계

일반 서신에 나타난 주요 가르침은 잘못된 교리와 삶을 가르치는 이단들에 관한 것이다. 복음이 온 땅으로 퍼져 나갔다. 하지만 복음은 각 지역의 풍습과 당시 유행하던 철학과 구약의 율법을 제시하던 유대인들의 잘못된 가르침에 의해 왜곡되었다. 이단의 문제는 박해의 문제와는 전혀 다른 방식으로 성도들을 망가트리고 있었다. 베드로는 복음의 내용을 왜곡하지 말 것을 경고한다.

> 먼저 알 것은 성경의 모든 예언은 사사로이 풀 것이 아니니(벧후 1:20)

거짓 선지자들이 말씀을 왜곡하고, 자신들의 사상과 철학에 맞춰 성도들을 진실한 믿음과 행실에서 멀어지게 하는 일에 대해 경고하는 것이 일반 서신의 중요한 목적이었다.

> 그러나 백성 가운데 또한 거짓 선지자들이 일어났었나니 이와 같이 너희 중에도 거짓 선생들이 있으리라 그들은 멸망하게 할 이단을 가만히 끌어들여 자기들을 사신 주를 부인하고 임박한 멸망을 스스로 취하는 자들이라(벧후 2:1)

거짓 선지자들은 하나님의 백성을 유혹하여 믿음을 빙자하여 멸망의 길을 가게 한다. 예수 그리스도의 복음에 따라 하나님나라를 확장하며 하나님의 상속자로 살아가야 할 하나님의 백성은 거짓 가르침에 넘어가지 않도록 깨어 있어야 한다.

그러므로 사랑하는 자들아 너희가 이것을 미리 알았은즉 무법한 자들의 미혹에 이끌려 너희가 굳센 데서 떨어질까 삼가라(벧후 3:17)

특히 헬라철학의 영향을 받은 영지주의는 초대교회 성도들의 신앙을 현실과 멀어지게 했다.

거짓말하는 자가 누구냐 예수께서 그리스도이심을 부인하는 자가 아니냐 아버지와 아들을 부인하는 그가 적그리스도니(요일 2:22)

그들은 하나님의 백성이 삶 속에서 하나님의 주권을 인정하며, 서로 사랑하며 삶으로써 하나님나라를 확장하는 것에 대한 관심을 멀리하게 했다. 오히려 영적인 지식을 추구한다는 명분 아래 형식적인 신앙생활을 하게 만들었다.

요한은 그러한 영지주의자들의 가르침을 드러내며, 그들의 유혹에 빠지지 말고 진실한 삶을 살라고 가르친다.

자녀들아 아무도 너희를 미혹하지 못하게 하라 의를 행하는 자는 그의 의로우심과 같이 의롭고(요일 3:7)

자녀들아 우리가 말과 혀로만 사랑하지 말고 행함과 진실함으로 하자(요일 3:18)

잘못된 가르침을 따라 살아가면 열심히 주를 믿는다고 생각하지만, 결국 헛된 것을 위해 열정을 허비하는 삶을 살게 된다. 그러므로 하나님의 백성은 이단적 가르침을 잘 분별해야 한다.

사랑하는 자들아 영을 다 믿지 말고 오직 영들이 하나님께 속하였나 분별하라 많은 거짓 선지자가 세상에 나왔음이라(요일 4:1)

그리고 이단적 가르침을 따르는 자들과의 교제에 매우 주의를 기울여야 한다.

미혹하는 자가 세상에 많이 나왔나니 이는 예수 그리스도께서 육체로 오심을 부인하는 자라 이런 자가 미혹하는 자요 적그리스도니 너희는 스스로 삼가 우리가 일한 것을 잃지 말고 오직 온전한 상을 받으라 지나쳐 그리스도의 교훈 안에 거하지 아니하는 자는 다 하나님을 모시지 못하되 교훈 안에 거하는 그 사람은 아버지와 아들을 모시느니라 누구든지 이 교훈을 가지지 않고 너희에게 나아가거든 그를 집에 들이지도 말고 인사도 하지 말라(요이 1:7~10)

이단들은 성경과 말씀을 가지고 있는 것 같지만, 결국 그리스도는 이름뿐이요, 그들의 가르침은 하나님과 상관이 없는 것임을 하나님의 백성은 잘 기억해야 한다.

> 이는 가만히 들어온 사람 몇이 있음이라 그들은 옛적부터 이 판결을
> 받기로 미리 기록된 자니 경건하지 아니하여 우리 하나님의 은혜를 도
> 리어 방탕한 것으로 바꾸고 홀로 하나이신 주재 곧 우리 주 예수 그리
> 스도를 부인하는 자니라(유 1:4)

하나님의 백성은 이단의 가르침으로부터 진리를 잘 분별하며, 진리의 말씀을 실천하는 일에 최선을 다해야 한다. 하나님의 말씀을 실천하는 것이 하나님을 사랑하며 이웃을 사랑하는 것이다.

> 하나님을 사랑하는 것은 이것이니 우리가 그의 계명들을 지키는 것
> 이라 그의 계명들은 무거운 것이 아니로다(요일 5:3)

일반 서신은 이렇게 박해와 이단이라는 배경을 가지고 읽으면 말씀을 이해하는 데 큰 유익이 있을 것이다.

✚ 서신서 : 하나님나라 백성의 신앙과 삶

서신서는 사도들의 사역을 통해 세워진 하나님의 나라에 뼈대를 세워준 책이며,.지금 교회들에게 신앙과 삶에 대해 분명한 지침을 주는 책이다. 하나님은 놀라운 지혜로 사도들의 서신들을 우리에게 전수하여, 영원히 변하지 않는 기독교의 교리적 가르침과 하나님백성의 삶의 윤리

를 가르치고 계신다. 우리는 서신서를 통해 신앙의 내용(교리)과 삶의
내용(윤리)을 분명히 배우고, 후대에 진리와 진리를 실천하는 삶의 토대
위에 선 아름다운 교회를 물려주어야 할 것이다.

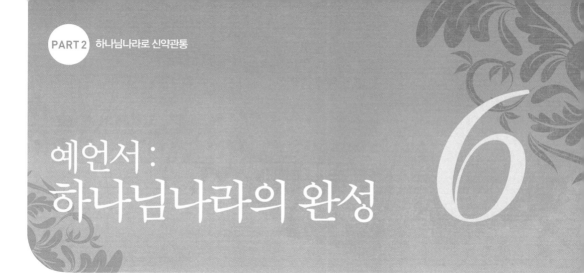

예언서 :
하나님나라의 완성

6

✚ 일곱 교회에 보낸 편지

Note

〈요한계시록〉은 요한이 밧모라는 섬에서 소아시아의 일곱 교회에 보내는 편지형식으로 되어 있다. 하지만 사실 일곱 교회는 세상 모든 교회의 대표로서 이후 신약의 모든 교회에 보내진 편지라 할 수 있다. 또한 〈요한계시록〉은 묵시문학이라는 장르로 쓰여진 책으로, 시각적 이미지의 환상으로 기록되어 있다. 〈요한계시록〉의 수신지인 개별 교회들의 상황을 이해하는 것은 우리에게 주어진 하나님의 최종적인 뜻을 깨닫는 데 필수적이다. 〈지도14〉를 통해 〈요한계시록〉에 등장하는 일곱 교회의 위치를 확인하도록 하자.

✚ 세상에 대한 심판과 믿음을 지킨 자들에 대한 구원

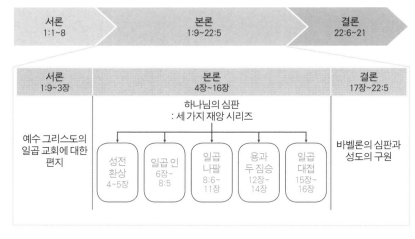

요한계시록 내용분석

신약의 마지막은 하나님나라의 완성과 그 과정을 보여 주는 〈요한계시록〉이다. 〈요한계시록〉은 역사 속에 진행된 하나님나라가 심판으로 끝이 나고, 예수의 재림과 함께 완성된 하나님나라가 도래할 것을 묵시적 환상을 통해 기록한 책이다. 주요 내용은 하나님이 창조하신 세계에 대한 심판이며(6~16장, 일곱 인과 일곱 나팔과 일곱 대접의 재앙 시리즈), 동시에 사탄과 그를 추종하는 자들과, 그 통치에 굴복한 자들의 멸망이다(17~18장, 바벨론의 멸망). 이 과정 속에 온 세상을 통치하시고 심판하시고 하나님나라를 완성하실 주체로서의 삼위일체 하나님과(4~5장), 하나님을 대적하는

〈지도14〉 요한계시록의 일곱 교회

가짜 삼위일체로서의 사탄과 그 추종자들의 통치를 기록한다(12~14
장). 하나님나라의 통치와 세상나라의 통치 사이에서 성도들은 인내와
믿음을 요청받는다.

> 성도들의 인내가 여기 있으니 그들은 하나님의 계명과 예수에 대한
> 믿음을 지키는 자니라(계 14:12)

인내와 믿음은 결국 하나님의 주권을 끝까지 인정하고 살아가는 것
이다. 이렇게 하나님의 주권을 인정하며 살아가는 자는 사탄이 위세를
떨칠 때 박해와 고난도 당하게 된다. 하지만 하나님을 위해 싸우는 전사
요(7장), 또한 하나님나라의 복음과 심판의 경고를 세상에 전하는 증인
으로 살아야 한다(10~11장).

결국 〈요한계시록〉의 결론은 사탄이 권세를 부리는 이 세상과 사탄의
추종자들의 몰락이며, 동시에 하나님나라를 소망하며 믿음을 지키는
진실한 하나님의 백성이 받는 구원이다(19~22장). 그렇게 하나님나라
의 백성은 하나님이 통치하시는 하나님나라를 소망하며, 사탄의 위세
가 강력한 이 땅에서 예수 그리스도의 재림과 함께 이루어질 하나님나
라의 완성을 고대하며, 영적 전쟁에서 승리하여 하나님의 주권을 인정
하는 삶을 살아야 한다는 것이 바로 〈요한계시록〉의 핵심이다.

✚ 현재적이며 동시에 미래적인 책 〈요한계시록〉

신약성경은 모두 사도들이 기록했다. 사도들이 신약성경을 기록한 것

은 A.D. 50~100년이다. 예수 그리스도께서 성취하신 하나님의 복음이 교회를 통해 온 세상으로 퍼져 나가던 시기에 신약성경이 기록된 것이다. 신약성경의 기록 시점을 기준으로 했을 때, 복음서는 과거에 예수님이 행하신 사역과 가르침을 정리한 것이고, 〈사도행전〉은 예수님이 승천하신 이후에 과거에 예루살렘으로부터 사마리아와 소아시아, 유럽까지 하나님나라의 복음이 전파된 과정을 기록한 것이다. 복음서와 〈사도행전〉은 이야기체로 된 과거의 기록이다. 서신서는 각 교회의 하나님백성의 신앙과 삶의 내용을 교훈하기 위해 보낸 현재적 기록이다. 마지막에 위치한 예언서 〈요한계시록〉은 당시의 시점부터 예수님이 재림하셔서 하나님나라가 완성될 때까지의 모든 과정을 기록한 책이다.

신약성경	성격	기록 범위
복음서와 사도행전	과거적	예수의 탄생부터 승천까지 승천 이후부터 바울의 로마 선교까지
서신서	현재적	각 교회와 하나님백성의 현재적 상황
예언서	미래적	기록 당시부터 주님의 재림 때까지

신약성경의 성격과 기록범위

21세기를 살아가는 지금의 성도들 눈으로 보았을 때, 복음서와 〈사도행전〉, 서신서까지 모두 과거의 기록이다. 신약의 복음서와 역사서, 서신서는 예수 그리스도를 통해 하나님나라의 복음이 성취되고, 그 성취된 복음이 성령의 역사를 통해 온 세상으로 확장된 과정의 기록이다. 반면 묵시적 환상으로 기록된 〈요한계시록〉은 항상 현재적이며 미래적으로 읽어야 한다. 그 이유는 〈요한계시록〉 기록 당시부터 그리스도의 재림으로 하나님나라가 완성될 때까지의 모든 과정을 기록한 책이기 때문이다. 따라서 〈요한계시록〉은 항상 그리스도의 재림을 바라보며 현재적으로 해석되어야 한다. 따라서 〈요한계시록〉의 독자들은 이 예언의 말씀을 듣고 지키며 살아갈 때, 현재적으로 하나님의 주권을 지키는 하나님백성으로 살아가는 것이며, 하나님의 통치가 완전히 이루어지는 미래의 새 하늘과 새 땅의 주인공이 되는 것이다.

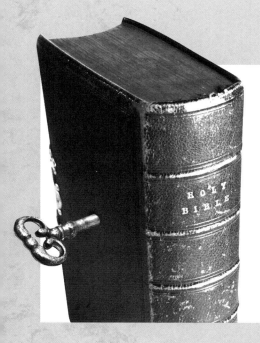

01 마태복음   02 마가복음   03 누가복음

04 요한복음   05 사도행전   06 로마서

07 고린도전서   08 고린도후서   09 갈라디아서

10 에베소서   11 빌립보서   12 골로새서

13 데살로니가전서 14 데살로니가후서 15 디모데전서

16 디모데후서   17 디도서   18 빌레몬서

19 히브리서   20 야고보서   21 베드로전서

22 베드로후서   23 요한일서   24 요한이서

25 요한삼서   26 유다서   27 요한계시록

PART 3

하나님나라로
신약 권별 관통

복음서

01

마태복음

왕으로 오신 예수님

〈마태복음〉 1:1
아브라함과 다윗의 자손 예수 그리스도의 계보라

✚ 통으로 보기

1 족보탄생	2 동방애굽	3 요한세례	4 시험시작	5 팔복율법	6 외식염려	7 대접열매	8 고침바다	9 마태고침	10 전도파송
11 요한도시	12 안식일	13 천국비유	14 오병물위	15 장로여자	16 누룩고백	17 변화산	18 아이용서	19 이혼부자	20 품꾼맹인
21 성전권위	22 잔치질문	23 바리새인	24 종말	25 세 비유	26 향유재판	27 죽음	28 부활		

☐ 예수의 사역(하나님나라의 성취)
☐ 예수의 설교(하나님의 주권을 인정하는 삶)

✚ 들여다보기

1. 유대인에게 증거한 하나님나라의 복음

〈마태복음〉은 유대인을 대상으로 기록된 복음서이다. 선민 유대인들에게 "진정한 왕으로 오신 예수님"에 대해 증거하는 책이다.

아브라함과 다윗의 자손 예수 그리스도의 계보라(마 1:1)

따라서 〈마태복음〉은 1장의 족보에서부터 예수님은 육신으로는 아브라함과 다윗의 자손이요, 유대인의 진정한 왕이라고 증거한다. 이방인들은 이 족보를 이해할 수 없었을 것이다. 하지만 마태는 예수님이 구약 하나님의 백성인 이스라엘을 혈통적으로 계승하며, 하나님백성의 통치자인 왕으로 이 세상에 오셨다는 것을 족보로 시작하여 분명히 전하고 있다. 물론 예수님은 유대인의 왕이시면서 동시에 하나님의 아들이시다. 귀신들도, 베드로도, 백부장도 예수님을 하나님의 아들로 증거하고 있다.

이에 그들이 소리 질러 이르되 하나님의 아들이여 우리가 당신과 무슨 상관이 있나이까 때가 이르기 전에 우리를 괴롭게 하려고 여기 오셨나이까 하더니(마 8:29)
시몬 베드로가 대답하여 이르되 주는 그리스도시요 살아 계신 하나님의 아들이시니이다(마 16:16)
백부장과 및 함께 예수를 지키던 자들이 지진과 그 일어난 일들을

보고 심히 두려워하여 이르되 이는 진실로 하나님의 아들이었도다 하더라(마 27:54)

예수님은 창조로 시작된 하나님나라, 구약 이스라엘 백성을 통해 이루어 오신 하나님나라를 성취하시는 메시아이다.

〈마태복음〉은 구약을 많이 인용했다. 그것은 구약을 매우 잘 알고 있던 유대인들에게 예수님이 구약에서부터 약속하신 진정한 메시아요, 하나님의 아들임을 증거하기 위함이다. 예수님은 구약성경에 약속된 그리스도, 즉 다윗의 후손이다.

이에 예수께서 그들의 눈을 만지시며 이르시되 너희 믿음대로 되라 하시니(마 9:29)

무리가 다 놀라 이르되 이는 다윗의 자손이 아니냐 하니(마 12:23, 참고. 1장의 족보, 15:22, 20:30~31, 21:9, 21:15, 22:43, 45).

〈마태복음〉에 인용된 구약과 성취에 대한 증거는, 우리가 구약과 신약을 더불어 이해하는 데 큰 유익을 준다. 마태는 이러한 인용들을 통해 바로 예수님이 유대인에게 주어진 구약 선지자들의 모든 예언을 완성하신 진정한 메시아임을 보여 주고 있다("이는 선지자로 말씀하신 바니", "기록되었으되").

2. 사역과 설교의 교차

〈마태복음〉은 다른 복음서들과 같이 사역과 가르침이 교차해 나타나는데, 예수님의 가르침을 기록한 부분이 크게 다섯 번 나오는 것이 특징이다. 산에서(5~7장), 제자들을 부르셔서 보내며(10장), 바닷가에서(13장), 제자들의 질문에 대답하시면서(18장), 무리와 제자들을 가르치시며(23~25장) 예수님이 말씀하시는 것을 기록했는데, 이러한 방식으로 예수님의 말씀들을 주제별로 한 곳에 모은 것은 마태의 독특한 특징이다.

예수님의 '산상수훈'은 팔복과 율법의 해석, 외식하는 신앙에 대한 비판, 주의 나라와 의를 위하여 보물을 하늘에 쌓아 둘 것, 비판금지, 대접, 좁은 문, 열매로 알리라는 가장 유명한 말씀들이 있다. 제자를 보내면서는 전도와 선교의 자세에 대해, 바닷가에서는 천국에 대한 비유, 제자들의 질문에 대해 답하시면서 실족하게 하는 범죄를 주의하고 용서하라는 가르침, 무리와 제자들에게는 종말의 징조와 재림을 기다리는 자의 자세를 가르치고 있다.

예수님의 사역에 대해서는 말씀을 기록한 부분을 제외한 다른 장에 이어져 있다. 예수님의 탄생과 세례 요한의 사역, 예수님의 사역 시작(1~4장), 예수님의 갈릴리에서의 이적(8~9장), 회개와 대적하는 자들에 대한 반박(11~12장), 오병이어와 가나안 여인의 딸을 치유하는 등의 이적들과 고난 예언에 이은 변화산의 사역(14~17장), 예루살렘으로 가는 길에 바리새인과 부자 청년과의 만남과 여리고의 맹인 치유(19~20장)와 예루살렘 입성 후의 성전개혁과 유대인들과의 논쟁(21~22장), 예수님의 십자가 고난과 부활(26~28장)이 〈마태복음〉에 기록되어 있다.

3. 하나님나라의 성취이신 예수 그리스도

예수님은 하나님의 나라를 성취하러 오신 메시아이시다. 예수님이 하나님의 아들이요 메시아라는 사실을 〈마태복음〉은 자세히 기록하고 있다. 예수님은 인간으로는 다윗의 혈통을 이어 받았고, 동시에 하나님의 아들이었다. 그가 세례를 받을 때, 마귀나 제자들의 입을 통하여 증거되었으며, 주님도 친히 대제사장 앞에서 자증하신 바였다.

하늘로부터 소리가 있어 말씀하시되 이는 내 사랑하는 아들이요 내 기뻐하는 자라 하시니라(마 3:17)

시험하는 자가 예수께 나아와서 이르되 네가 만일 하나님의 아들이어든 명하여 이 돌들로 떡덩이가 되게 하라(마 4:3)

이에 그들이 소리질러 이르되 하나님의 아들이여 우리가 당신과 무슨 상관이 있나이까 때가 이르기 전에 우리를 괴롭게 하려고 여기 오셨나이까 하더니(마 8:29)

배에 있는 사람들이 예수께 절하며 이르되 진실로 하나님의 아들이로소이다 하더라(마 14:33)

예수께서 침묵하시거늘 대제사장이 이르되 내가 너로 살아 계신 하나님께 맹세하게 하노니 네가 하나님의 아들 그리스도인지 우리에게 말하라 예수께서 이르시되 네가 말하였느니라 그러나 내가 너희에게 이르노니 이 후에 인자가 권능의 우편에 앉아 있는 것과 하늘 구름을 타고 오는 것을 너희가 보리라 하시니(마 26:63~64).

유대인들은 예루살렘에 입성하여 왕위를 차지하여 세계를 통치하시는 정치적인 메시아를 기다렸다. 제자들도 마찬가지였다.

베드로가 예수를 붙들고 항변하여 이르되 주여 그리 마옵소서 이 일

이 결코 주께 미치지 아니하리이다(마 16:22)

　그 때에 세베대의 아들의 어머니가 그 아들들을 데리고 예수께 와서 절하며 무엇을 구하니 예수께서 이르시되 무엇을 원하느냐 이르되 나의 이 두 아들을 주의 나라에서 하나는 주의 우편에 하나는 주의 좌편에 앉게 명하소서(마 20:20~21)

그러나 이러한 메시아관은 고난 예언과 십자가의 사역에서 깨진다. 그의 죽으심은 반복하여 예언된다.

　이 때로부터 예수 그리스도께서 자기가 예루살렘에 올라가 장로들과 대제사장들과 서기관들에게 많은 고난을 받고 죽임을 당하고 제 삼일에 살아나야 할 것을 제자들에게 비로소 나타내시니(마 16:21)

　보라 우리가 예루살렘으로 올라가노니 인자가 대제사장들과 서기관들에게 넘겨지매 그들이 죽이기로 결의하고 이방인들에게 넘겨주어 그를 조롱하며 채찍질하며 십자가에 못 박게 할 것이나 제 삼일에 살아나리라(마 20:18~19)

마태는 유대인들의 잘못된 메시아관을 고치고, 인류를 위해 십자가에서 죽으신 하나님의 아들, 예수 그리스도가 바로 이 땅에 하나님나라를 성취하시고, 재림하여 세상을 심판하실 진정한 메시아임을 증거하고 있다.

✚ 정리하기

모든 구약의 예언을 성취하신 아브라함과 다윗의 자손 예수 그리스도는 하나님나라를 성취하신 진정한 메시아이시다.

죽으신 하나님의 아들
예수 그리스도

복음서

02

마가복음

〈마가복음〉1:1
하나님의 아들 예수 그리스도의 복음의 시작이라

✚ 통으로 보기

1 귀신나병	2 중풍이삭	3 마비바알	4 비유바다	5 귀신혈루	6 오병바다	7 수로귀말	8 칠병맹인	9 변형수난	10 부자맹인
11 나귀성전	12 농부과부	13 멸망예언	14 만찬체포	15 재판죽음	16 부활승천				

☐ 하나님의 아들이신 예수 그리스도 / 이적들을 통한 증거(1장~8:26)
◻ 예수 그리스도의 하나님나라 복음의 성취 / 고난 예언과 십자가 죽음을 통해 증거
　　(8:27~16장)

✚ 들여다보기

1. 선교사가 쓴 이방인들을 위한 복음서, 〈마가복음〉

마가는 바나바의 조카이다. 그는 바울과 함께 1차 선교여행을 떠났고, 바나바와 함께 다시 선교여행을 떠났다. 후에 사도 바울과 막역한 동역자가 된다. 이런 선교의 경력을 가지고 있는 마가는 이방인들에게 짧고 간결하게 하나님나라를 성취하신 예수님의 구원사역을 전할 필요를 느꼈다.

〈마가복음〉은 대단히 간결하고 직설적이다. 마가는 예수님의 설교나 비유를 많이 담고 있지 않다. 예수님이 전하신 하나님나라의 복음을 증거하기 위해 약간의 가르침을 넣었을 뿐이다. 마가는 예수님이 하나님의 아들이시며, 그 하나님의 아들이 십자가에 죽으신 것 자체가 하나님나라 복음의 성취임을 전하려고 간략한 복음서를 쓰게 된 것이다. 마가는 예수님의 이적 사역을 가장 많이 기록했고, 그 이적들을 통해 예수님이 인류를 위해 죽으심으로 하나님의 나라를 성취하신 진정한 메시아라는 사실을 분명히 드러내고 있다.

2. 하나님의 아들 예수 그리스도의 십자가 죽음 : 하나님나라의 성취

마가가 전하는 복음은 하나님의 아들 예수 그리스도께서 죽으신 것이다. 이것이 하나님나라의 성취이다. 마가는 전반부(1~8장)에서 예수님이 하나님의 아들이라는 것을 증명하기 위해 많은 이적을 기록한다. 마가는 예수님의 탄생이나 족보 등의 인간적 기원을 기록하지 않는다. 바로 1장부터 더러운 귀신이 들린 사람, 베드로의 장모, 각종 병자들, 나병환자의 치유사건을 기록한다. 2장은 중풍병자 치유, 3장은 한쪽 손 마른 사람 치유, 4장은 바다를 잔잔하게 하심, 5장은 군대 귀신 들린 사람과 혈루증 여인, 회당장 야이로의 딸 치유, 6장은 오천 명을 먹이심, 바다 위를 걸으심, 게네사렛의 병든 자들을 고치심, 7장은 귀신 들린 수로보니게 여인의 딸과 귀 먹고 말 더듬는 사람을 고치심, 8장은 사천 명을 먹이심, 벳새다의 맹인을 치유하신 기사가 기록되어 있다.

또한 예수님의 신적 권위에 도전하는 유대인들과의 논쟁을 통해 예수님이 진정한 하나님의 아들임을 증거한다. 이 모든 기록은 예수님이 하나님의 아들이라는 것을 증거하기 위한 것이다. 마가의 목적은 "예수가 그리스도, 즉 메시아"라는 베드로의 고백을 통해 달성된다.

> 또 물으시되 너희는 나를 누구라 하느냐 베드로가 대답하여 이르되 주는 그리스도시니이다 하매(막 8:29)

'그리스도'라는 단어는 예수님이 하나님이 보내신 유일한 메시아, 하나님의 아들이라는 것을 의미하는 단어이다.

마가는 후반부에서 하나님의 아들 예수 그리스도의 고난 예언을 계속해서 기록한다.

> 인자가 많은 고난을 받고 장로들과 대제사장들과 서기관들에게 버린 바 되어 죽임을 당하고 사흘 만에 살아나야 할 것을 비로소 그들에게 가르치시되(막 8:31)
> 이는 제자들을 가르치시며 또 인자가 사람들의 손에 넘겨져 죽임을

당하고 죽은 지 삼 일만에 살아나리라는 것을 말씀하셨기 때문이더라(막 9:31)

예루살렘으로 올라가는 길에 예수께서 그들 앞에 서서 가시는데 그들이 놀라고 따르는 자들은 두려워하더라 이에 다시 열두 제자를 데리시고 자기가 당할 일을 말씀하여 이르시되 보라 우리가 예루살렘에 올라가노니 인자가 대제사장들과 서기관들에게 넘겨지매 그들이 죽이기로 결의하고 이방인들에게 넘겨주겠고(막 10:32~33)

그리고 예언하신 대로 예루살렘에 입성하여 수난당하시고 죽으신 것을 기록한다. 예수님의 십자가사역의 목적은 이미 제자들에게 전해졌다.

자기 목숨을 많은 사람의 대속물로 주려 함이니라(막 10:45b)

마가는 예수님이 모든 권세를 가지신 하나님의 아들로서, 우리를 위해 대신 죽으셨음을 전하고, 그것이 하나님나라의 성취임을 분명히 증거하고 있다.

3. 예수님을 따르는 길

짧은 〈마가복음〉에서 특징적인 것은 예루살렘으로 가는 여정에서 가르치신 예수님의 말씀을 자세히 기록하고 있다는 점이다.

예수와 제자들이 빌립보 가이사랴 여러 마을로 나가실새 길에서 제자들에게 물어 이르시되 사람들이 나를 누구라고 하느냐(막 8:27)

가버나움에 이르러 집에 계실새 제자들에게 물으시되 너희가 길에서 서로 토론한 것이 무엇이냐 하시되 그들이 잠잠하니 이는 길에서 서로 누가 크냐 하고 쟁론하였음이라(막 9:33~34)

예수께서 그들을 보시며 이르시되 사람으로는 할 수 없으되 하나님으로는 그렇지 아니하니 하나님으로서는 다 하실 수 있느니라(막 10:27)

예루살렘으로 올라가는 길에 예수께서 그들 앞에 서서 가시는데 그들이 놀라고 따르는 자들은 두려워하더라 이에 다시 열두 제자를 데리시고 자기가 당할 일을 말씀하여 이르시되(막 10:32)

그들이 여리고에 이르렀더니 예수께서 제자들과 허다한 무리와 함께 여리고에서 나가실 때에 디매오의 아들인 맹인 거지 바디매오가 길가에 앉았다가(막 10:46)

예수께서 이르시되 가라 네 믿음이 너를 구원하였느니라 하시니 그가 곧 보게 되어 예수를 길에서 따르니라(막 10:52)

8장 27절에서 시작되는 여정은 10장까지 이어지는데, 예수님은 길을 가시면서 수난을 여러 차례 예언하신다. 그러면서 예수님을 따르는 제자의 길에 대하여 계속해서 말씀하신다. 영혼들을 위해 고난당하고 죽으신 예수님을 따르는 제자들은 자기를 부인하고 자기 십자가를 지고 주님을 따라야 하며, 자신의 소유를 나누고 주님을 따라야 한다.

무리와 제자들을 불러 이르시되 누구든지 나를 따라오려거든 자기를 부인하고 자기 십자가를 지고 나를 따를 것이니라(막 8:34)

예수께서 그를 보시고 사랑하사 이르시되 네게 아직도 한 가지 부족한 것이 있으니 가서 네게 있는 것을 다 팔아 가난한 자들에게 주라 그리하면 하늘에서 보화가 네게 있으리라 그리고 와서 나를 따르라 하시니(막 10:21)

주님을 따르는 하나님의 백성은 세상의 권세와 영광을 위해서가 아니라, 하나님의 나라를 위해서 살아야 한다. 하나님의 백성이 세상의 영광을 따르면 주님의 제자가 될 수 없다. 예수님을 따라 십자가의 길을 가는 것은 하나님나라의 백성이 가야 할 유일한 길이며, 영광의 길이다.

✚ 정리하기

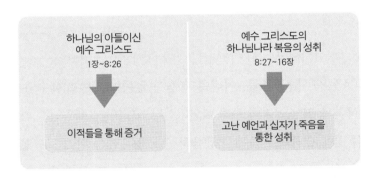

권세와 능력이 충만하신 하나님의 아들이 대속물로 십자가에서 죽으신 것이 복음이다.

온 인류의 구원자
예수 그리스도

〈누가복음〉 2:11
오늘 다윗의 동네에 너희를 위하여 구주가 나셨으니 곧 그리스도 주시니라

✚ 통으로 보기

Note

1 요한출생	2 예수출생	3 요한족보	4 시험시작	5 시몬병자	6 마비사도	7 백부나인	8 군대혈루	9 오병변화	10 칠십이웃
11 기도 화	12 외식부자	13 좁은 문	14 말석제자	15 잃은비유	16 불의나사	17 용서열명	18 과부세리	19 삭개므나	20 성전논쟁
21 성전멸망	22 만찬체포	23 재판죽음	24 부활승천						

☐ 탄생에서 공생애 이전까지(1장~4:13)
☐ 갈릴리사역: 이적과 설교(4:14~9:50)
▨ 예루살렘으로의 여정 / 19개의 비유로 가르치심(9:51~19:27)
▨ 십자가 죽음과 부활(19:28~24장)

✚ 들여다보기

1. 시간 순서대로 정확히 기록하여 통치자에게 전달한 〈누가복음〉

누가는 하나님의 나라를 성취하신 예수 그리스도의 삶과 가르침을 시간적인 순서대로 가장 방대하게 기록했다. 설교와 사역을 나눠서 쓴 〈마태복음〉, 사역만을 간략하게 기록하여 십자가에 죽으신 하나님의 아들을 강조한 〈마가복음〉, 중요 사건들만을 엄선하여 예수님의 신성을 강조한 〈요한복음〉과 달리 누가는 시간의 순서에 따라 사역과 가르침을 방대하게 기록했다. 탄생에서 공생애의 시작까지, 갈릴리에서의 공생애 사역, 갈릴리에서 예루살렘으로의 여정, 예루살렘에서의 십자가 죽음과 부활을 순서대로 기록한다.

누가는 하나님나라의 성취이신 예수님이 진정한 인류의 구원자라는 사실을 데오빌로 각하에게 변증하는 형식으로 썼다. 예수님의 탄생과정과 족보에서 시작해 그분의 갈릴리사역과 예루살렘으로의 여정과 십자가의 죽으심과 부활의 모든 사건을 기록했다. 그리고 그 과정에서 예수님이 가르치신 다양한 영적 가르침을 시간적 순서에 따라 매우 상세하게 기록했다. 예수님의 중요한 가르침은 주로 비유를 통해 전달된다.

2. 〈누가복음〉의 주요 비유에 대한 정리

〈누가복음〉에 나오는 총 25개의 비유 중 누가에만 나오는 비유가 19개이다. 이 19개의 비유는 모두 십자가에 달리시기 위해 갈릴리에서 예루살렘으로 가는 여정에 나온다. 놀라운 하늘의 지혜는 예수님의 이 비유들을 통해 표현된다. 또한 하나님나라의 백성으로 하나님의 주권을 인정하며 살아가기 위한 핵심적인 교훈들도 이 비유들을 통해 얻을 수 있다. 다음의 도표는 그 비유들이다.

	내용	관련구절
1	선한 사마리아인	10:25~37
2	밤 중에 찾아온 친구	11:5~13
3	어리석은 부자	12:16~21
4	깨어 있는 종들	12:35~40
5	지혜롭고 진실한 청지기	12:42~48
6	열매 맺지 못하는 무화과나무	13:6~9
7	겨자씨와 누룩	13:18~21
8	높은 자리에 앉은 자	14:7~11
9	큰 잔치의 비유	14:15~24
10	비용을 계산하는 자	14:25~33
11	잃은 양의 비유	15:4~7
12	잃은 드라크마의 비유	15:8~10
13	탕자의 비유	15:11~32
14	불의한 청지기의 비유	16:1~13
15	부자와 나사로의 비유	16:19~31
16	무익한 종의 비유	17:7~10
17	불의한 재판관과 과부	18:1~8
18	바리새인과 세리의 비유	18:9~14
19	은 열 므나의 비유	19:11~27

누가복음의 비유들

3. 온 인류의 구원자 예수 그리스도

〈누가복음〉에 나온 기사들은 예수 그리스도께서 온 인류를 구원하시러 오신 메시아임을 보여 준다. 예수님은 세상의 권세자들과는 전혀 다른 구원자이시다. 그는 빈부귀천을 막론하고 모든 인류를 위해 오신 진정한 구원자이시다. 예수님의 탄생소식은 양을 치는 천한 목자들에게 전해진다.

그 지역에 목자들이 밤에 밖에서 자기 양 떼를 지키더니 주의 사자가 곁에 서고 주의 영광이 그들을 두루 비추매 크게 무서워하는지라 천사가 이르되 무서워하지 말라 보라 내가 온 백성에게 미칠 큰 기쁨의 좋은 소식을 너희에게 전하노라(눅 2:8~10)

예수님의 주요 제자들은 어부였다.

세베대의 아들로서 시몬의 동업자인 야고보와 요한도 놀랐음이라 예수께서 시몬에게 이르시되 무서워하지 말라 이제 후로는 네가 사람을 취하리라 하시니 그들이 배들을 육지에 대고 모든 것을 버려 두고 예수를 따르니라(눅 5:10~11)

그는 세리까지도 제자로 부르셨다.

그 후에 예수께서 나가사 레위라 하는 세리가 세관에 앉아 있는 것을 보시고 나를 따르라 하시니(눅 5:27)

그는 세리 삭개오와 창기들에게도 동일한 구원자이셨다.

　　삭개오라 이름하는 자가 있으니 세리장이요 또한 부자라 …… 예수
께서 이르시되 오늘 구원이 이 집에 이르렀으니 이 사람도 아브라함의
자손임이로다(눅 19:2, 9)
　　이에 여자에게 이르시되 네 죄 사함을 받았느니라 하시니(눅 7:48)

그는 아무 힘도 의지도 없는 과부의 아들을 살리셨다.

　　주께서 과부를 보시고 불쌍히 여기사 울지 말라 하시고 가까이 가서
그 관에 손을 대시니 멘 자들이 서는지라 예수께서 이르시되 청년아
내가 네게 말하노니 일어나라 하시매(눅 7:13~14)

유대인이 상종하지 않는 사마리아인이 비유와 기사의 주인공으로 등
장한다.

　　어떤 사마리아 사람은 여행하는 중 거기 이르러 그를 보고 불쌍히
여겨 가까이 가서 기름과 포도주를 그 상처에 붓고 싸매고 자기 짐승
에 태워 주막으로 데리고 가서 돌보아 주니라(눅 10:33~34)
　　예수의 발 아래에 엎드리어 감사하니 그는 사마리아 사람이라(눅
17:16)

아버지의 유산을 가지고 떠난 아들과 같은 모든 죄인을 품으시는 구

원자 예수님은 누가가 제시하는 진정한 구원자이다(눅 15:11~32).

✚ 정리하기

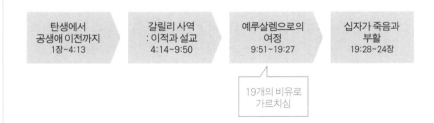

세상의 어떤 통치자보다 세상의 어떤 현자보다 뛰어나신 예수 그리스도는 이 세상을 구원하시고 통치하시는 진정한 구원자이시다.

참 하나님이신
예수 그리스도

복음서

04

요한복음

〈요한복음〉 1:1
태초에 말씀이 계시니라 이 말씀이 하나님과 함께 계셨으니 이 말씀은 곧 하나님이시니라

✚ 통으로 보기

Note

1 말씀 양	2 가나성전	3 거듭세례	4 수가아들	5 38 증언	6 오병 떡	7 초막생수	8 음행 빛	9 맹인	10 문 목자
11 부활생명	12 향유입성	13 세족유다	14 길 성령	15 포도성령	16 성령담대	17 기도하나	18 체포부인	19 재판죽음	20 부활도마

21 일곱시몬

☐ 예수님의 표적과 대화(1장~12장)
☐ 예수님의 가르치심과 죽음/부활(13장~21장)

✚ 들여다보기

1. 헬라 문화권을 위한 톡톡한 복음서, 〈요한복음〉

〈요한복음〉은 매우 독특한 복음서이다. 이 책은 여러 면에서 다른 복음서들과 전혀 다르다. 요한은 특히 헬라✚ 문화권에 살면서 헬라 철학에 익숙한 사람들에게 그들의 언어와 문화에 맞게 이해할 수 있도록 예수님이 가르치신 하나님나라의 복음을 전하고 있다. 예수님을 헬라의 지혜, 이성을 의미하는 '로고스'✚라고 소개한다든지, 예수님을 위에서 났다고 하신 것은 모두 헬라인에게 적용된 예수님에 대한 설명이다.

> 태초에 말씀이 계시니라 이 말씀이 하나님과 함께 계셨으니 이 말씀은 곧 하나님이시니라(요 1:1)
>
> 예수께서 이르시되 너희는 아래에서 났고 나는 위에서 났으며 너희는 이 세상에 속하였고 나는 이 세상에 속하지 아니하였느니라(요 8:23)

빛과 어둠, 영과 육의 대조는 모두 헬라인에게 설명하려는 복음적 표현이다.

> 빛이 어둠에 비치되 어둠이 깨닫지 못하더라(요 1:5)
>
> 예수께서 대답하시되 진실로 진실로 네게 이르노니 사람이 물과 성령으로 나지 아니하면 하나님의 나라에 들어갈 수 없느니라 육으로 난 것은 육이요 영으로 난 것은 영이니(요 3:5~6)

✚ 헬라

유럽의 남동지역, 발칸반도의 남쪽에 있던 나라로, 로마가 이 지역의 패권을 장악하기 전까지 문화의 중심지였다. 도시국가로 구성되었던 헬라는 마게도냐의 필립 2세에 의해 정복당 했으며, 아들인 알렉산더 때에는 애굽과 인도에까지 이르는 거대한 제국을 이루었다. 이 시기에 헬라의 문화, 사상, 제도 등은 지중해 및 고대 근동전역에 큰 영향을 끼쳤으며, 이는 로마시대에도 이어졌다. 신약성경에서 바울은 2, 3차 선교여행 중에 헬라지역을 중심으로 사역을 감당하였다.

✚ 로고스

헬라어 '로고스'는 '지혜', '이성', '언어', '논의', '계산', '척도', '이유', '근거' 등의 다양한 의미를 지니고 있다. 요한은 〈요한복음〉에서 이 '로고스'를 사용하여 당시 헬라문화권에서 살아가는 사람들에게 '말씀이신 예수'(요 1:1, 14)를 증거하였다.

이 책은 예수님을 태초부터 하나님과 함께하셨던 로고스(말씀)이며, 또 하나님이라고 처음부터 소개한다.

> 태초에 말씀이 계시니라 이 말씀이 하나님과 함께 계셨으니 이 말씀은 곧 하나님이시니라 그가 태초에 하나님과 함께 계셨고 만물이 그로 말미암아 지은 바 되었으니 지은 것이 하나도 그가 없이는 된 것이 없느니라(요 1:1~3)

예수님에 대한 소개는 요한이 선택하여 기록한 사건들 이후에 있었던 대화들을 통해 드러난다.

> 예수께서 이르시되 나는 생명의 떡이니 내게 오는 자는 결코 주리지 아니할 터이요 나를 믿는 자는 영원히 목마르지 아니하리라(요 6:35)
> 예수께서 또 말씀하여 이르시되 나는 세상의 빛이니 나를 따르는 자는 어둠에 다니지 아니하고 생명의 빛을 얻으리라(요 8:12)
> 그러므로 예수께서 다시 이르시되 내가 진실로 진실로 너희에게 말하노니 나는 양의 문이라(요 10:7)
> 나는 선한 목자라 선한 목자는 양들을 위하여 목숨을 버리거니와(요 10:11)
> 예수께서 이르시되 나는 부활이요 생명이니 나를 믿는 자는 죽어도 살겠고(요 11:25)
> 예수께서 이르시되 내가 곧 길이요 진리요 생명이니 나로 말미암지 않고는 아버지께로 올 자가 없느니라(요 14:6)
> 나는 참포도나무요 내 아버지는 농부라(요 15:1)

이것은 요한의 독특한 표현 방식이다.

〈마태복음〉, 〈마가복음〉, 〈누가복음〉이 예수님 생애에 있었던 각각의 사건과 가르침을 서술하면서 독자로 하여금 예수님의 생애에 있었던 사건에 집중하도록 하고 있다면, 〈요한복음〉은 훨씬 적은 이적과 사건들을 선별하여 예수님의 가르침과 해설까지 추가하여 예수님을 믿고 구원받으라는 메시지를 전하고 있다. 또한 〈마태복음〉, 〈마가복음〉, 〈누가복음〉이 주로 예수님의 갈릴리에서의 공생애를 기록한 후에 예루살렘에서의 십자가 고난을 기록했다면, 〈요한복음〉은 시간적 순서를 따르지 않고 예수님이 행하셨던 사건들 중 몇 개를 선택하여 서술하고, 거기에 포함된 대화와 해설을 통해 예수님을 믿고 하나님나라의 백성이 될 것을 설득한다. 〈요한복음〉에는 요한의 전도와 설득이 이미 들어 있다. 따라서 〈요한복음〉의 기록들은 시간적 순서에 따라 볼 수 없다.

〈요한복음〉은 전반부(1~11장)까지 예수님의 사역 중 중요한 사건들을 선별적으로 기록하며, 후반부(12~21장)에서는 마지막 엿새 동안에 어떤 일을 하셨는지 집중적으로 서술한다. 특히 예수님이 십자가에 달리시기 전 제자들에게 가르치셨던 새 계명과 성령에 대한 자세한 가르침은 〈요한복음〉의 독특한 기록이다.

또한 〈요한복음〉에는 이전 세 복음서에 나온 비유가 거의 나오지 않는다. 또한 갈릴리사역보다 주로 명절을 중심으로 예루살렘에서 있었던 논쟁과 가르침을 자세히 기록했다. 다른 복음서들에 나온 갈릴리의 다양한 이적은 단지 세 가지만 나온다(4장 신하의 아들 치료, 6장 오병이어의 기적, 바다 위를 걸으심). 반대로 앞의 복음서들에서 기록하지 않았던 다른 다섯 가지 이적을 전한다(2장 가나의 혼인잔치, 5장 베데스다에서 병자를 치료, 9장 날 때부터 소경인 사람 치료, 11장 나사로를 살리심, 21장 부활 후 갈릴리에서 고기 잡는 기적). 〈요한복음〉은 갈릴리와 유대를 오가시면서 자신이 메시아임을 드러내신 예수님을 그리고 있기 때문에 다른 세 복음서와 구성에 있어 차이가 많다. 하지만 다른 복음서들을 잘 이해할 수 있게 해 준다. 하나님의 나라를 성취하신 예수 그리스도는 결국 하나님의 아들이며, 하나님이시다. 따라서 그분을 믿는 자는 하나님의 자녀가 된다.

2. 유대인들의 의식과 명절, 예수 그리스도

〈요한복음〉은 예수님의 사역을 유대교의 의식, 명절과 관련시켜 기술한다. 2장은 결례+와 관련하여 가나의 혼인잔치를 이야기하고(결례를 온전하게 하심), 성전과 관련하여 성전을 청결하게 하신 것을 기록한다(성전을 온전하게 하심). 5장에서는 안식일에 38년 된 병자를 고치신 것을 기록한다(안식일을 온전하게 하시고 진정한 안식을 주시는 분). 6장에서는 유월절과 관련하여 오천 명을 먹이시고(예수님은 유월절을 온전하게 하신 참 유월절 양이시며 참 생명의 떡이시고 음료이심을 설명하려 함), 7장에서는 초막절과 관련하여 예수님이 참 생명수이심을 기록하고, 10장에서는 수전절+과 관련하여 예수님이 참으로 성별된 자이심을 기술하고 있다.

3. 사건, 그 이후의 대화나 해설

〈요한복음〉은 사건들을 기록하고 그와 관련하여 긴 가르침들을 연결함으로써 영적 가르침을 주는 형식을 취하고 있다. 다른 복음서의 기자

Note

✛ 결례
부정한 것을 제거하여 정결하게 하는 의식을 의미한다. 결례는 정결하게 하는 매체나 희생제사 등을 통하여 이루어졌다. 하지만 사람, 짐승, 음식, 장소, 물건 등 부정의 종류에 따라 그에 따른 결례의 방법 또한 달랐다. 〈레위기〉 11~16장에서는 이러한 결례에 대한 다양한 율법을 다루고 있다.

✛ 수전절
성전의 정결과 봉헌을 기념하는 유대인들의 명절이다. 히브리어로는 '하누카'(봉헌)라고 부른다. 신구약 중간기 시대에 이스라엘을 지배했던 셀류커스 왕조의 안티오쿠스 4세는 과도한 헬라화 정책을 추진하였다. 예루살렘 성전 가운데 제우스에게 제사드리는 제단이 세워졌으며, 그곳에서 돼지를 제물로 바쳤다. 이에 유대인들은 하스몬 가문의 유다 마카비를 중심으로 안티오쿠스 4세에 대항하여 해방전쟁을 시작했다. 3년간의 전쟁 끝에 B.C. 164년경 유대인들은 예루살렘 성전을 재탈환하고, 성전예배를 회복하였다. 이것을 기념하여 수전절을 지키게 되었다.

들과는 달리 사건에 예수님의 가르침과 자신의 설명을 덧붙이면서 독자들이 예수님을 잘 이해할 수 있도록 돕는 요한의 모습이 드러나 있다. 〈요한복음〉 3장 니고데모의 방문은 거듭남의 진리를 보여 주기 위해 기록되었다. 4장의 수가성 여인을 만나는 사건은 참된 예배와 인간의 영적 갈등을 해소시키는 예수님의 복음을 가르친다. 수가성 여인과의 만남은 예배와 복음전파에 대한 메시지의 출발점 역할을 하고 있다. 5장 베데스다 못가에서 병자를 고치는 이야기는 하나님과의 관계에서 구원과 그 구원의 성취에 필요한 믿음으로 가르침이 확장된다. 6장에서는 떡을 먹이는 사건을 통해 영원한 생명을 주는 진정한 떡이신 예수님에 대한 가르침으로 이야기가 확장되고 있다. 7장에서는 초막절⁺의 물 붓는 예식을 통해 인류의 진정한 생수이신 예수님을 소개하며, 9장도 소경을 고치시는 사건을 통해 참 믿음의 눈이 필요하다는 사실을 전하고 있다. 11장은 나사로를 살리신 사건을 통해 부활을 가르치며, 13장은 발을 씻기는 예수님의 모습을 통해 새 계명과 제자도에 대한 가르침을 주고 있다. 이것이 〈요한복음〉이다.

⁺ 초막절
구약의 유월절, 오순절과 더불어 구약의 3대 절기 중 하나이다. 출애굽한 조상들이 40년 동안 장막에서 살며 방랑하던 유목생활을 기억하여 기념하는 절기이다. 장막절이라고도 하며, 곡식을 거두고 저장한 후에 지키는 절기라 하여 수장절이라고도 한다(출 23:16).

4. 예수님의 자기 증거

나는 …… 이다	관련구절
나는 생명의 떡이다	6:35, 41, 48, 51
나는 세상의 빛이다	8:12
나는 양의 문이다	10:7, 9
나는 선한 목자이다	10:11, 14
나는 부활이요 생명이다	11:25

나는 길이요 진리요 생명이다	14:6
나는 참 포도나무이다	15:1, 5

✚ 정리하기

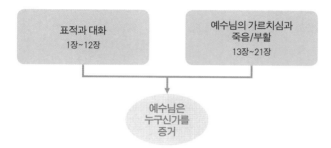

하나님나라의 성취이신 예수 그리스도는 참 하나님이시다. 그를 믿으면 구원을 얻는다.

역사서

05

사도행전

하나님나라(교회)의
확장

〈사도행전〉 1:8
오직 성령이 너희에게 임하시면 너희가 권능을 받고 예루살렘과 온 유대와 사마리아와 땅 끝까지
이르러 내 증인이 되리라 하시니라

✚ 통으로 보기

1 증인사도	2 성령설교	3 은금행각	4 체포나눔	5 부부투옥	6 일곱집사	7 스데반	8 박해빌립	9 사울기적	10 환상이방
11 안디옥	12 순교투옥	13 구브로	14 루스드라	15 공의회	16 빌립보	17 데살아덴	18 고린도	19 에베소	20 헬라고별
21 예루살렘	22 체포변명	23 공회음모	24 벨릭스	25 베스도	26 아그립바	27 압송난파	28 로마전도		

☐ 유대지역 교회의 확장(베드로 중심) / (1장~12장)
☐ 이방지역 교회의 확장(바울 중심) / (13장~28장)

✝ 들여다보기

1. 지상에 현시된 하나님나라, 교회의 확장

하나님의 나라를 성취하신 예수 그리스도의 사역을 기록한 복음서에 이어 역사서를 살펴보자. 예수님이 십자가에 죽으시고 부활하신 후에 그분을 믿고 하나님의 백성이 된 사람이 많이 생겨났다. 그들은 각지에 흩어져 있었지만, 상당수의 사람은 예루살렘에 모여 마가의 다락방에서 예수님이 약속하신 성령을 기다렸다. 그리고 그들은 성령을 받아 그 능력으로 복음을 전파하며, 예수님이 예고하신 대로 교회를 세웠다(마 16:18). 예수님을 주로 고백하는 자들의 모임인 교회는 이 땅에 현시된 하나님의 나라였다. 〈사도행전〉은 예수 그리스도의 승천 이후에 교회가 세워지고 성장하며 세계로 확장되는 과정을 설명하는 신약의 유일한 역사서이다. 하나님의 나라는 교회를 통해 온 세상으로 확장되어 간다.

〈마태복음〉16:18
또 내가 네게 이르노니 너는 베드로라 내가 이 반석 위에 내 교회를 세우리니 음부의 권세가 이기지 못하리라

2. 예수님의 승천에서 로마에 복음이 전파되기까지

〈사도행전〉은 예수님이 승천하신 사건으로 시작하여, 바울이 로마에서 복음을 전하는 장면까지 기록되어 있다. 〈사도행전〉의 주된 내용은 베드로(1~12장)와 사도 바울(13~28장)의 사역에 관한 것이다. 베드로의 사역을 통해 유대지역에 교회가 세워지고 성장하게 되었다. 그리고 예루살렘교회에 가해진 박해 때문에 흩어진 성도들이 교회를 세웠고, 그중 안디옥교회에서 바울을 파송해, 그의 선교여행을 통해 이방인들 가운데(구브로와 소아시아와 유럽) 교회가 세워지게 되었다. 하나님의 나라의 확장은 구약의 모든 예언을 성취하신 예수 그리스도를 믿은 하나

님의 백성이 성령이 충만하여 하나님의 말씀을 담대히 전한 결과로 주어진 소중한 영적 결실이다.

이미 예수님은 제자들에게 "오직 성령이 너희에게 임하시면 너희가 권능을 받고 예루살렘과 온 유대와 사마리아와 땅 끝까지 이르러 내 증인이 되리라"(행 1:8)고 말씀하셨다. 베드로는 성령이 충만하여 복음을 전하기 시작했고, 엄청나게 큰 믿음의 공동체가 생겨났다(2장). 성령 충만함의 결과는 담대히 하나님의 말씀을 전하는 것으로 나타났다.

> 빌기를 다하매 모인 곳이 진동하더니 무리가 다 성령이 충만하여 담대히 하나님의 말씀을 전하니라(행 4:31)

성령은 말씀으로 하나님의 나라를 확장하시는 하나님의 영이요, 예수 그리스도의 영이시다. 성령은 하나님의 말씀을 기록하게 하신다.

> 그가 택하신 사도들에게 성령으로 명하시고 승천하신 날까지의 일을 기록하였노라(행 1:2)

말씀을 전파할 능력을 주신다.

> 오직 성령이 너희에게 임하시면 너희가 권능을 받고 예루살렘과 온 유대와 사마리아와 땅 끝까지 이르러 내 증인이 되리라 하시니라(행 1:8)
> 스데반이 지혜와 성령으로 말함을 그들이 능히 당하지 못하여(행 6:10)

공동체를 세우신다.

믿는 무리가 한마음과 한뜻이 되어 모든 물건을 서로 통용하고 자기 재물을 조금이라도 자기 것이라 하는 이가 하나도 없더라(행 4:32)

공동체의 죄악을 척결하신다.

베드로가 이르되 아나니아야 어찌하여 사탄이 네 마음에 가득하여 네가 성령을 속이고 땅 값 얼마를 감추었느냐(행 5:3)

공동체의 일꾼들을 세우신다.

온 무리가 이 말을 기뻐하여 믿음과 성령이 충만한 사람 스데반과 또 빌립과 브로고로와 니가노르와 디몬과 바메나와 유대교에 입교했던 안디옥 사람 니골라를 택하여 사도들 앞에 세우니 사도들이 기도하고 그들에게 안수하니라(행 6:5~6)

공동체를 확장시키신다.

그리하여 온 유대와 갈릴리와 사마리아 교회가 평안하여 든든히 서가고 주를 경외함과 성령의 위로로 진행하여 수가 더 많아지니라(행 9:31)

지도자의 생각을 바꾸신다.

베드로가 그 환상에 대하여 생각할 때에 성령께서 그에게 말씀하시되 두 사람이 너를 찾으니(행 10:19)

방언을 말하며 하나님을 높이게 하신다.

베드로와 함께 온 할례 받은 신자들이 이방인들에게도 성령 부어 주심으로 말미암아 놀라니 이는 방언을 말하며 하나님 높임을 들음이러라(행 10:45~46)

바울이 그들에게 안수하매 성령이 그들에게 임하시므로 방언도 하고 예언도 하니(행 19:6)

하나님나라의 확장과 선교사역을 위해 사역자를 세우신다.

주를 섬겨 금식할 때에 성령이 이르시되 내가 불러 시키는 일을 위하여 바나바와 사울을 따로 세우라 하시니(행 13:2)

놀라운 능력이 나타나게 하신다.

바울이라고 하는 사울이 성령이 충만하여 그를 주목하고(행 13:9)

하나님나라의 확장을 주도하신다.

성령이 아시아에서 말씀을 전하지 못하게 하시거늘 그들이 브루기아와 갈라디아 땅으로 다녀가(행 16:6)

하나님의 나라는 하나님과 예수 그리스도의 영이신 성령의 역사하심으로 인해, 성령의 인도하심에 순종하는 자들을 통해 확장되어 나간다.

3. 베드로에 의한 유대지역 교회의 확장

예수님이 승천하신 이후에 많은 제자가 예루살렘으로 돌아왔다.

제자들이 감람원이라 하는 산으로부터 예루살렘에 돌아오니 이 산은 예루살렘에서 가까워 안식일에 가기 알맞은 길이라(행 1:12)

약 백이십 명의 사람이 한곳에 모여 열심히 기도했다.

여자들과 예수의 어머니 마리아와 예수의 아우들과 더불어 마음을 같이하여 오로지 기도에 힘쓰더라 모인 무리의 수가 약 백이십 명이나 되더라 그 때에 베드로가 그 형제들 가운데 일어서서 이르되(행 1:14~15)

그들은 우선 가룟 유다를 대신하여 사도의 직무를 감당할 사람을 뽑았다.

제비 뽑아 맛디아를 얻으니 그가 열한 사도의 수에 들어가니라(행 1:26)

유대인의 명절, 추수의 절기 오순절에 예수님이 약속하신 성령님이 강림하셨고, 베드로의 설교를 통해 삼천 명 이상의 성도가 공동체를 형성했다. 그렇게 계속해서 하나님나라가 확장되었다(2장). 베드로와 요한은 성전에서 하나님의 말씀을 전하다가 공회에 잡히게 되었지만, 한마음으로 기도하며 계속해서 하나님의 말씀을 전했으며, 결국 교회는 엄청나게 성장하게 된다. 하나님의 백성이 한마음 한뜻이 되어 땅과 집을 팔아 구제하여 진정으로 아름다운 하나님의 나라로 성장하게 된다.

사도들이 놓이매 그 동료에게 가서 제사장들과 장로들의 말을 다 알리니 그들이 듣고 한마음으로 하나님께 소리를 높여 이르되 대주재여 천지와 바다와 그 가운데 만물을 지은 이시요(행 4:23~24)

믿는 무리가 한마음과 한뜻이 되어 모든 물건을 서로 통용하고 자기 재물을 조금이라도 자기 것이라 하는 이가 하나도 없더라 …… 그가 밭이 있으매 팔아 그 값을 가지고 사도들의 발 앞에 두니라(행 4:32, 37)

교회는 성령과 지혜가 충만한 집사들에 의해 점점 사역이 확장되며(6장), 빌립에 의해 사마리아와 에디오피아 내시에게까지 복음이 전파된다(8장). 베드로에 의해 이방인인 고넬료의 가정과 주위 사람들까지도 성령을 받게 된다(10장). 예루살렘교회는 사도들의 복음전파에 대한 많은 방해와(3~4장), 공동체 안의 물질에 의한 문제(5장), 공동체 내부의 갈등(6장), 스데반에 의해 촉발된 박해(7~8장), 야고보의 순교와 베드로의 투옥(12장) 등 많은 문제가 있었다. 하지만 그 문제들이 더욱 교회를 든든히 세우고, 더 많은 지역으로 선교할 수 있는 토대를 형성한다. 방해는 더욱 기도하여 하나 되게 했고, 공동체의 물질문제는 공동체를 더욱 깨끗하게 만들었고, 공동체 내부의 갈등은 문제들을 해결할 수 있는 집사들과 조직을 만들게 했고, 박해로 인해 흩어진 교회는 결국 다른 지역에 새로운 교회들을 세우게 했다. 하나님의 나라는 예수 그리스도께서 약속하신 성령으로 인해 예루살렘에서 사마리아와 에디오피아(8장), 시리아의 안디옥으로(11장) 확장되었다. 더 나아가 이방인 고넬료에게까지 복음이 전파되면서 선교를 향한 기틀을 마련한다.

4. 바울에 의한 이방지역 교회의 확장

스데반의 박해로 인해 생긴 안디옥교회에 선지자들과 교사들이 있었는데, 그중 바울과 바나바가 선교를 위해 세워졌다.

안디옥교회에 선지자들과 교사들이 있으니 곧 바나바와 니게르라 하는 시므온과 구레네 사람 루기오와 분봉 왕 헤롯의 젖동생 마나엔과 및 사울이라 주를 섬겨 금식할 때에 성령이 이르시되 내가 불러 시키는 일을 위하여 바나바와 사울을 따로 세우라 하시니(행 13:1~2)

바울과 바나바는 구브로와 소아시아 남부지역, 버가, 비시디아 안디옥, 이고니온, 더베에서 복음을 전한다(13~14장). 충만한 성령의 능력이 나타난다. 바울과 바나바의 이방지역 선교를 통해 예루살렘에서 야고보를 중심으로 회의가 열린다. 결국 예루살렘 회의는 이방인도 예수의 은혜로 동일하게 구원받을 수 있다는 것을 확인한다(15장). 바울은 바나바와 마가에 대한 문제로 갈라서서 실라와 2차 선교여행을 떠난다.

디모데가 동참한다. 2차 선교여행은 1차 선교여행에 갔던 소아시아 남부지역을 돌아 아시아지역에서 사역하려 하다가 성령의 인도하심으로 유럽(마게도냐)으로 가게 된다. 빌립보와 데살로니가, 베뢰아, 아덴, 고린도를 거쳐 아시아의 에베소를 통해 안디옥으로 돌아온다(16~18장). 3차 선교여행은 갈라디아와 브루기아 지역을 거쳐 에베소에서 장시간 머문다. 그 이후 2차 선교여행 때 방문했던 마게도냐와 헬라를 거쳐 에베소 장로들의 많은 만류에도 불구하고 예루살렘으로의 부르심을 따라 나아간다(행 18:23~21장).

바울은 예루살렘에서 잡힌다. 먼저 유대인들에게(22장), 공회 앞에서(23장), 총독 벨릭스 앞에서(24장), 총독 베스도와 아그립바 왕 앞에서(25~26장) 변명하며 자신이 예수님을 만난 내용을 간증한다. 결국 상소하여 가이사에게 재판을 받기 위해 로마로 가게 되며, 로마에서 복음을 전한다(27~28장). 결국 하나님의 나라는 세계의 중심인 로마에까지 확장된다.

바울은 새로운 선교지에 계속해서 교회를 세움으로 하나님나라를 확장해 나간다. 하지만 바울이 단순히 순회하며 전도하여 교회를 세웠다고 생각하면 안 된다. 바울은 머무는 곳에서 늘 성경을 강론하였으며, 고린도와 에베소에서는 1~2년 이상 머물며 말씀을 가르쳤다. 또한 자신이 머물 수 없는 곳에는 제자들을 목회자로 파송하였다. 디모데를 에베소에, 디도를 그레데에 파송하여 말씀으로 양육하게 했다. 바울은 말씀으로 양육하여 하나님의 백성을 제자화하는 사역에 대단한 열정을 기울였다. 〈사도행전〉 뒤에는 선교지에 세워진 교회와 성도에게 보내는 바울과 사도들의 서신들이 이어진다. 21권 중 바울 서신은 13권인데,

하나님의 나라가 온 세상으로 확장되기 위하여 필요한 믿음의 내용(교리)과 삶의 내용(윤리)이 자세히 기록되어 있다. 하나님나라 확장을 위한 바울의 업적은 이루 말할 수 없이 크다.

5. 교회는 선교로, 선교는 교회로

〈사도행전〉은 신약시대에 계속 확장되어 나갈 하나님나라의 발전과정이 그대로 드러나 있다. 성령의 능력으로 세상을 정복하는 하나님나라의 역사는 우리를 통해 계속 재현되어야 한다. 예수 그리스도의 재림을 기다린다는 면에서 〈사도행전〉의 시대는 지금의 시대와 다를 바 없다. 예수님이 오신 이후 이 세상의 역사는, 성령이 충만하여 하나님나라를 확장해 가는 하나님백성의 모임, 즉 교회의 역사이다. 이 땅에 현시된 하나님의 나라 즉 교회는 계속해서 왕성해지며, 열방을 향해 나아가야 한다. 교회는 선교의 현장을 향해 나아가야 하며(1~12장), 선교의 현장에는 교회가 세워 져야 한다(13~28장). 이 시대의 하나님백성은 교회를 선교의 현장으로 나아가게 하며, 선교의 현장에 다시 교회를 세워 그들로 하여금 선교의 현장으로 향하게 하는 하나님나라의 확장을 사명으로 삼아야 한다. 바로 전도와 제자화에 이은 선교사 파송(1~12장), 선교지 교회개척과 제자화를 통한 교회의 확장이다(13~28장).

✛ 정리하기

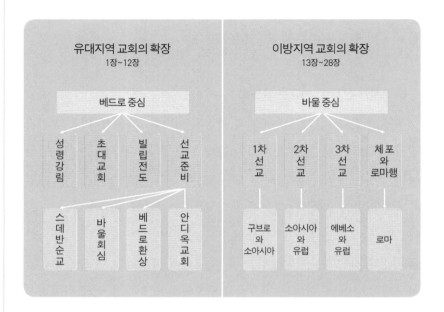

예수님이 성취하신 하나님나라는 성령의 역사와 함께 교회를 통해 온 세상으로 확장되어 간다.

구원에 대한 진리와
이후의 삶

〈로마서〉 1:17
복음에는 하나님의 의가 나타나서 믿음으로 믿음에 이르게 하나니 기록된 바 오직 의인은 믿음으로 말미암아 살리라 함과 같으니라

✚ 통으로 보기

1	2	3	4	5	6	7	8	9	10
복음	심판	죄인 의	믿음	아담예수	은혜 죄	사망의몸	정죄없음	이스라엘	차별없음

11	12	13	14	15	16
접붙임	산 제물	권세사랑	비판금지	선 덕	문안

☐ 구원에 대한 진리(1~11장)
☐ 구원받은 성도의 삶(12~16장)

✚ 들여다보기

1. 세계의 중심 로마에 보낸 구원의 진리

서신서는 기독교의 교리에 대한 중요한 가르침을 담고 있다. 서신서

는 어떤 주제에 대한 논리적 설명을 담기에 유익하며, 또한 수신자에게 칭찬이나 책망하기에 좋다. 따라서 복음서나 〈사도행전〉 같은 이야기들 이나 〈요한계시록〉 같은 상징으로 가득한 묵시적 글보다 교리적인 가 르침을 주기에 적합하다. 복음서나 〈사도행전〉은 있었던 사건들을 전해 주기에 좋은 장르이고, 〈요한계시록〉은 세상의 배후에 있는 영적 현상 들을 보여 주기에 좋다. 편지형식인 서신서는 직접적인 가르침을 주기 에 적합한 장르인 것이다. 〈로마서〉는 구원에 대한 진리를 기록한 책이 다. 기독교에서 가장 중요한 교리는 바로 구원이다. 바울은 당시 세계의 중심 로마에 가장 중요한 복음으로 오는 구원에 대해 전했다. 바울이 온 인류에게 전하고 싶은 내용이었을 것이다.

2. 내용요약

바울은 인사와 더불어 서론적으로 복음의 기원과 복음의 능력에 대 해 서술한다(롬 1:1~18). 그리고 본격적으로 구원에 관해 진술하기 위 해 인간의 불의에 대한 하나님의 진노와 하나님의 심판이 보편성을 갖 고 있음을 진술한다(롬 1:19~2:29). 유대인은 하나님의 말씀을 맡는 특 권을 누렸지만, 죄로 인해 하나님의 심판을 피할 수 없는 것은 모든 인류 가 똑같다(롬 3:1~18). 이렇게 하나님의 진노 아래 있는 우리는 예수 그 리스도를 통해 드러난 하나님의 의를 통해 믿음으로 구원을 받는다. 그 것은 아브라함에게도 동일한 원리였다(롬 3:19~4:25). 의롭다 하심을 받으면 화평과 소망과 기쁨을 누릴 수 있다(롬 5:1~11). 아담 이후에 우 리 모두는 죄인이었지만, 그리스도로 인한 은혜로 모두가 구원의 은혜 를 누릴 수 있게 되었다(롬 5:12~21).

이제 구원받은 성도는 죄의 종노릇하지 않고 하나님의 종이 되어 의의 병기로 쓰임을 받게 된다(6장). 물론 우리가 믿음 안에서 살아가면서도 여전히 나에게 남아 있는 죄의 본성 때문에 곤고하지만(7장), 생명의 성령의 법이 우리를 새롭게 하실 것이며, 끊을 수 없는 하나님의 사랑으로 우리는 결국 승리하게 될 것이다(8장).

그러면 이스라엘은 어떻게 된 것인가? 하나님은 이스라엘을 택하셨지만, 그들은 행위에 의지해서 하나님에게 거부되었다(9~10장). 하지만 결국 이스라엘은 이방인들에게 구원의 은혜가 주어진 이후에 다시 하나님의 은총으로 회복될 것이다(롬 11:1~12). 이방인도 교만하면 안 된다. 이스라엘은 참 감람나무이며, 모든 이방인은 접붙임을 받은 것이기 때문이다. 하나님의 크고 깊으신 지혜로 이방인과 유대인 모두는 회복될 것이다(11장).

이제 바울은 이방인과 유대인에게 동일하게 미칠 구원의 원리에 대해 설명하고, 그리스도인의 삶에 대해 가르친다. 예수를 믿음으로 하나님의 백성이 된 그리스도인들은 하나님의 뜻을 분별하며 세상과 다른 삶을 살아야 한다(12장). 세상의 권세자들에게 순종하고 이웃을 사랑하며(13장), 믿음이 연약한 자들을 배려하고 덕을 세우는 삶을 살아야 한다(14~15:13). 바울은 마지막으로 로마에 가고자 하는 계획을 설명하고, 여러 사람들에 대해 문안인사를 하며 서신을 마친다(15:14~16장).

〈로마서〉는 바울 서신의 전형적인 형태를 띤다. 문안인사로 시작하여 교리적인 가르침으로 이어진다. 구원, 교회, 성령, 하나님, 예수 그리스도, 재림 등을 가르친 후, 그 교리에 따른 우리의 삶에 대해 권면하고, 다시 인사로 마친다.

3. 핵심구절로 본 〈로마서〉

온 인류는 죄로 인해 영원히 죽을 수밖에 없는 운명에 처해 있다.

모든 사람이 죄를 범하였으매 하나님의 영광에 이르지 못하더니 그리스도 예수 안에 있는 속량으로 말미암아 하나님의 은혜로 값 없이 의롭다 하심을 얻은 자 되었느니라(롬 3:23~24)

인류는 스스로 자신의 죄를 해결할 수 없다. 따라서 예수님이 우리를 위해 죽으셨고, 우리는 스스로 죄인임을 인정하고 예수 그리스도를 믿을 때 하나님의 백성이 될 수 있다.

그러므로 사람이 의롭다 하심을 얻는 것은 율법의 행위에 있지 않고 믿음으로 되는 줄 우리가 인정하노라(롬 3:28)

우리가 의롭다 하심을 얻어 하나님의 백성이 되면, 하나님의 자녀가 되어 영적 축복을 얻게 된다.

그러므로 우리가 믿음으로 의롭다 하심을 받았으니 우리 주 예수 그리스도로 말미암아 하나님과 화평을 누리자(롬 5:1)

하나님의 백성이 된 자들은 모든 정죄에서 벗어나 새로운 삶을 살아간다.

그러므로 이제 그리스도 예수 안에 있는 자에게는 결코 정죄함이 없나니(롬 8:1)

바로 하나님나라를 기업으로 상속하는 것이다. 하나님의 백성은 이 땅에서 하나님의 주권을 인정하며, 하나님나라를 확장하는 놀라운 사명을 상속하게 되는 것이다.

자녀이면 또한 상속자 곧 하나님의 상속자요 그리스도와 함께 한 상속자니 우리가 그와 함께 영광을 받기 위하여 고난도 함께 받아야 할 것이니라(롬 8:17)

이제 영원히 죽을 수밖에 없는 형벌에서 벗어난 하나님의 백성은 하나님이 기뻐하시는 삶(하나님의 말씀대로 하나님의 주권을 인정하는 삶)을 살아감으로 참된 예배자의 삶을 살아간다.

그러므로 형제들아 내가 하나님의 모든 자비하심으로 너희를 권하노니 너희 몸을 하나님이 기뻐하시는 거룩한 산 제물로 드리라 이는 너희가 드릴 영적 예배니라(롬 12:1)
피차 사랑의 빚 외에는 아무에게든지 아무 빚도 지지 말라 남을 사랑하는 자는 율법을 다 이루었느니라(롬 13:8)

하나님나라의 백성은 이 세상의 즐거움이 아니라, 참된 영적 기쁨과 평안을 소망해야 한다.

하나님의 나라는 먹는 것과 마시는 것이 아니요 오직 성령 안에 있는 의와 평강과 희락이라 이로써 그리스도를 섬기는 자는 하나님을 기쁘시게 하며 사람에게도 칭찬을 받느니라(롬 14:17~18)

✛ 정리하기

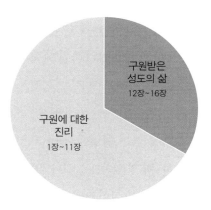

모든 인간은 예수 그리스도께서 십자가에서 이루신 하나님의 의로만 구원받은 하나님의 백성이 될 수 있으며, 하나님의 백성은 하나님의 말씀(주권)대로 살아가야 한다.

교회의 문제들과
해결책

〈고린도전서〉 3:3
너희는 아직도 육신에 속한 자로다 너희 가운데 시기와 분쟁이 있으니 어찌 육신에 속하여 사람을
따라 행함이 아니리요

✚ 통으로 보기

1 분쟁	2 지혜성령	3 육신	4 매와사랑	5 음행	6 고소	7 결혼	8 우상제물	9 스스로종	10 우상숭배
11 머리성찬	12 은사	13 사랑	14 방언예언	15 부활	16 연보인사				

☐ 교회의 윤리문제들과 해결책(1~16장)

✚ 들여다보기

1. 문제 많은 고린도교회

고린도교회는 여전히 문제가 많고, 영적 전쟁이 치열한 지상 교회의

전형이다. 고린도교회에는 성도가 많았지만 성숙하지 못하여 분열되었다. 바울은 고린도교회가 가지고 있던 문제들에 대해 조목조목 답을 제시하고 있다. 〈고린도전서〉는 하나님나라의 확장이라는 사명을 가진 교회의 문제를 해결할 수 있는 중요한 교훈을 담고 있다.

고린도는 그리스의 항구도시(당시 로마의 행정구역상 아가야 지방)로 바울이 2차 전도여행 때 처음 방문하여 약 1년 6개월간 머물렀던 곳이다.

일 년 육 개월을 머물며 그들 가운데서 하나님의 말씀을 가르치니라
(행 18:11)

바울은 거기서 로마에서 온 브리스길라와 아굴라 부부를 만나 평생 동역자가 되었다. 남편 아굴라는 유대인으로 A.D. 49년경에 로마의 글라우디오 황제가 유대인 추방령을 내려 아내 브리스길라와 함께 고린도로 오게 되었다.

그 후에 바울이 아덴을 떠나 고린도에 이르러 아굴라라 하는 본도에서 난 유대인 한 사람을 만나니 글라우디오가 모든 유대인을 명하여 로마에서 떠나라 한 고로 그가 그 아내 브리스길라와 함께 이달리야로부터 새로 온지라 바울이 그들에게 가매(행 18:1~2)

바울은 후에 에베소에 머물면서 고린도교회에 편지를 썼는데, 그 편지가 〈고린도전서〉이다.

내가 오순절까지 에베소에 머물려 함은(고전 16:8)

이후 바울은 다시 고린도교회를 잠시 방문하였으며(3차 전도여행), 그 후에 다시 편지를 보냈는데, 그것이 〈고린도후서〉이다.

내가 다시는 너희에게 근심 중에 나아가지 아니하기로 스스로 결심하였노니 내가 너희를 근심하게 한다면 내가 근심하게 한 자밖에 나를 기쁘게 할 자가 누구냐(고후 2:1~2)

바울은 자신이 도합 2년 정도를 사역했던 고린도교회에 많은 애정을 가지고 있었다. 자신이 가장 사랑하는 디모데를 파송하여 사역을 하도록 했을 정도였다.

이로 말미암아 내가 주 안에서 내 사랑하고 신실한 아들 디모데를 너희에게 보내었으니 그가 너희로 하여금 그리스도 예수 안에서 나의 행사 곧 내가 각처 각 교회에서 가르치는 것을 생각나게 하리라(고전 4:17)

고린도는 번영하는 대도시였다. 상업으로 매우 부유했던 도시인 동시에 도덕적으로 타락했고 이교적 문화가 가득했던 곳이었다. 고린도교회는 도시의 분위기에 영향을 받아 많은 세속적 문제로 씨름하고 있었다. 그러한 문제를 해결하기 바울은 〈고린도전서〉를 쓰게 된 것이다.

내가 너희를 부끄럽게 하려고 이것을 쓰는 것이 아니라 오직 너희를 내 사랑하는 자녀 같이 권하려 하는 것이라(고전 4:14)

만일 누구든지 시장하거든 집에서 먹을지니 이는 너희의 모임이 판단 받는 모임이 되지 않게 하려 함이라 그밖의 일들은 내가 언제든지 갈 때에 바로잡으리라(고전 11:34)

〈고린도전서〉는 이 시대 교회들이 처하게 되는 문제들의 해결책을 제시하고 있으며, 성숙한 성도가 되기 위한 메시지들을 담고 있다.

2. 내용요약

바울은 짧게 언변과 지식과 은사에 풍성한 고린도교회에 문안인사를 한 후(고전 1:1~9), 바로 교회의 분쟁에 대해 강하게 책망한다(1:10~4장). 고린도교회에는 바울, 아볼로,✝ 게바, 예수의 이름으로 뭉친 당파들이 있었다.

✝ **아볼로**
초대교회의 전도자 중 한 사람이다. 알렉산드리아 출신의 유대인이었던 아볼로는 학문이 많고 성경에 능했으나(행 18:24~25), 예수님에 관한 지식은 불완전했다(행 18:25). 그러던 중 아굴라와 브리스길라를 통하여 예수님을 알게 되었다(행 18:26). 후에 아볼로는 아가야 지방으로 건너가 믿는 자들에게 많은 유익을 주고 예수가 그리스도이심을 강하게 증거하여 유대인들을 물리쳤다(행 18:27~28). 그를 따르는 일단의 무리가 고린도교회에 생겨날 정도로 초대교회에서 그의 영향력은 지대하였다(고전 1:12, 3:4~9).

내가 이것을 말하거니와 너희가 각각 이르되 나는 바울에게, 나는 아볼로에게, 나는 게바에게, 나는 그리스도에게 속한 자라 한다는 것이니(고전 1:12)

이것은 자신들의 지식과 은사를 자랑하며 만들어진 분파들이었다. 바울은 세상의 지혜와 십자가의 어리석음을 대조시킴으로 세상의 지혜를 논박한다(고전 1:18~21). 바울은 언변과 지식에 뛰어나고, 은사가 풍성하다고 해서 서로 자신의 높음을 주장하던 고린도교회가 십자가의 그리스도를 자랑하지 않고 있음을 강력히 지적하며(고전 1:11~3장), 말의 현란함이 아니라 능력으로 그리스도를 전해야 함을 강하게 권면한다(4장). 아무리 지식이 뛰어나고 은사가 풍성해도 십자가의 도를 깨닫고 전하지 못하면 분쟁과 같은 육의 결과를 낳을 수밖에 없다(고전 2:12~15).

이어서 바울은 이렇게 십자가의 도와 멀어져 있는 고린도교회에 생기는 여러 가지 윤리적 문제를 지적한다. 교회 안의 음행과 소송(5~6장), 성도의 결혼과 독신(7장), 우상에 대한 대처와 우상숭배의 문제(8~10장), 여자의 머리를 가리는 문제와 성만찬시의 문제(11장), 성령의 은사에 대한 올바른 가르침(12~14장), 몸의 부활(15장)과 연보✝에 대한 교훈(고전 16:1~12). 그리고 마지막으로 인사로 마무리한다(고전 16:13~24).

3. 핵심구절로 본 〈고린도전서〉

고린도교회 문제의 핵심은 바로 하나님의 백성이 사명을 향해 하나 되지 못하고 분쟁하는 것이었다.

> 내 형제들아 글로에의 집 편으로 너희에 대한 말이 내게 들리니 곧 너희 가운데 분쟁이 있다는 것이라(고전 1:11)

그들이 분쟁하게 된 이유는 하나님의 주권을 인정하며 말씀을 따라 살아가지 않고, 여전히 육신의 욕심을 따라 살아가기 때문이었다.

✝ 연보
주일이나 어떤 특정한 때에 하나님에게 바치는 돈이나 물건을 의미한다. 오늘날 헌금을 말한다. 성경에서의 연보는 '갹출한 것', '가난한 사람을 돕기 위한 의연금' 등을 뜻한다(고전 16:1).

너희는 아직도 육신에 속한 자로다 너희 가운데 시기와 분쟁이 있으니 어찌 육신에 속하여 사람을 따라 행함이 아니리요(고전 3:3)

육신의 욕심을 따르는 하나님의 백성에게는 많은 문제가 나타난다.

너희 중에 심지어 음행이 있다 함을 들으니 그런 음행은 이방인 중에서도 없는 것이라 누가 그 아버지의 아내를 취하였다 하는도다(고전 5:1)

그들은 서로 분쟁하고 고발하기도 했다.

형제가 형제와 더불어 고발할 뿐더러 믿지 아니하는 자들 앞에서 하느냐(고전 6:6)

우상의 제물을 먹는 문제나 심지어 성찬까지도 문제가 발생했다.

우상의 제물에 대하여는 우리가 다 지식이 있는 줄을 아나 지식은 교만하게 하며 사랑은 덕을 세우나니(고전 8:1)
사람이 자기를 살피고 그 후에야 이 떡을 먹고 이 잔을 마실지니(고전 11:28)

고린도교회의 미성숙은 그들에게 나타난 다양한 은사까지도 분쟁의 소용돌이에 휘말리게 만들었다. 바울은 은사에 대해 바른 가르침을 준다.

은사는 여러 가지나 성령은 같고(고전 12:4)

그런즉 내 형제들아 예언하기를 사모하며 방언 말하기를 금하지 말라 모든 것을 품위 있게 하고 질서 있게 하라(고전 14:39~40)

바울은 부활에 대한 소망을 확신하며, 거룩한 하나님의 백성으로 거듭날 것을 가르친다.

그리스도께서 죽은 자 가운데서 다시 살아나셨다 전파되었거늘 너희 중에서 어떤 사람들은 어찌하여 죽은 자 가운데서 부활이 없다 하느냐(고전 15:12)

✚ 정리하기

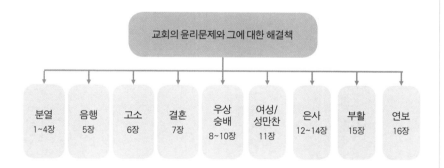

교회에는 많은 문제가 나타날 수 있고, 그 문제들은 교회를 분열시킨다. 하나님의 주권을 인정하는 성숙한 삶을 살아야 한다.

바울의
복음에 대한 변증

〈고린도후서〉 6:8, 10
우리는 …… 근심하는 자 같으나 항상 기뻐하고 가난한 자 같으나 많은 사람을 부요하게 하고 아무
것도 없는 자 같으나 모든 것을 가진 자로다

Note

✚ 통으로 보기

1	2	3	4	5	6	7	8	9	10
고난환난	눈물향기	영의직분	질그릇	화목직분	직분충성	기뻐함	연보	미리준비	권세자랑

11	12	13
수고자랑	환상자랑	권면

☐ 바울 자신과 복음에 대한 변증(1~13장)

✚ 들여다보기

1. 흔들리는 고린도교회

약 A.D. 55년경 바울은 3년간의 에베소교회 목회를 마치고, 드로아

로 전도여행을 떠났다.

> 내가 그리스도의 복음을 위하여 드로아에 이르매 주 안에서 문이 내게 열렸으되(고후 2:12, 참고 행 20:1~6)

바울은 드로아에서 디도를 만나려 했으나 만나지 못했고, 이후에 마게도냐의 어느 도시에서 디도를 만나 고린도교회에 대한 소식을 들었다. 고린도교회는 바울의 이전 편지에 의해 많이 성숙해지고 있었다.

> 항상 우리를 그리스도 안에서 이기게 하시고 우리로 말미암아 각처에서 그리스도를 아는 냄새를 나타내시는 하나님께 감사하노라(고후 2:14)
>
> 오직 그가 너희에게서 받은 그 위로로 위로하고 너희의 사모함과 애통함과 나를 위하여 열심 있는 것을 우리에게 보고함으로 나를 더욱 기쁘게 하였느니라(고후 7:7b)

하지만 바울의 초라한 모습과 엄한 가르침을 오해하여 복음의 가르침을 벗어난 성도들이 있었고, 거짓 교사들에 의해 잘못된 길로 빠지는 성도들이 있다는 것을 알게 되었다. 이에 바울은 자신이 하나님이 세우신 사도임을 확신하게 함으로 고린도교회가 복음 안에 든든히 서 가도록 하기 위하여 마게도냐에서 〈고린도후서〉를 쓰게 되었다.

〈고린도후서〉는 사도 바울의 자기 고백적 성격이 강하다. 그래서 바울의 영적 자서전이라 부르기도 한다. 고린도교회의 성도들은 사도 바울의 초라한 모습을 보고 거짓된 가르침에 빠질 위험에 처했다. 바울은 세상의 눈으로 이해할 수 없는 참된 사역자의 모습에 대해 설명하면서 고린도교회 성도들을 권면하고 있으며(1~7장), 자신에 대해 불가피한 자랑까지 하면서 사도를 가장한 사탄의 가르침에 넘어가지 말 것을 경고하고 있다(10~13장).

2. 내용요약

바울은 간단한 인사에 이어 고난 가운데서도 구원하신 하나님에게 감사하며 편지를 시작한다(고후 1:1~11). 이후 〈고린도후서〉 1~7장은 바울의 따뜻한 위로와 권면이다. 이 부분은 중요한 단어로 정리가 가능하다. 하나님의 백성은 그리스도의 향기이며(2장), 새 언약의 일꾼이며(3장), 보배를 담은 질그릇이며(4장), 화목하게 하는 직분을 가진 자들이며(5장), 하나님의 성전이다(6장). 이 단어들은 우리가 어떤 사명을 가지고 살아가야 하는지 보여 주고 있다. 이러한 사명을 가지고 살아가는 그리스도의 일꾼은 때로 유명하지 않고, 거짓말하는 자로 오해받으며, 아무것도 가지지 못한 불쌍한 자로 보일 수 있다. 하지만 모든 것을 가진 자이다.

무명한 자 같으나 유명한 자요 죽은 자 같으나 보라 우리가 살아 있고 징계를 받는 자 같으나 죽임을 당하지 아니하고 근심하는 자 같으나 항상 기뻐하고 가난한 자 같으나 많은 사람을 부요하게 하고 아무 것도 없는 자 같으나 모든 것을 가진 자로다(고후 6:9~10)

바울은 이어 마게도냐 교회들의 모범적인 연보를 예로 들면서 고린도교회의 성도들에게 더욱 모범적으로 연보하라고 권면한다(8~9장). 마지막으로 바울은 거짓 사도들을 경계하며(고후 11:1~15), 자신이 복음을 위해 당한 고난과(고후 11:16~33), 자신에게 주신 놀라운 체험을 고백하며(고후 12:1~10), 자신의 가르침을 믿고 따라 줄 것을 간곡히 호소한다(10장, 12:11~21). 바울은 편지를 통해 고린도교회의 성도들이 깨닫고 회개하길 강하게 권고하며(고후 13:1~10), 짧게 인사를 남긴다(고후 13:11~13). 〈고린도후서〉는 자기 고백적 서신이므로, 바울의 사역자로서의 자세가 잘 정리되어 있다. 하나님의 나라를 사명으로 살아가는 하나님의 백성들은 〈고린도후서〉를 통해 어떤 자세로 사명을 감당하며 살아야 하는지 분명히 깨닫게 된다.

3. 핵심구절로 본 〈고린도후서〉

바울은 고린도교회에 대한 사랑을 아낌없이 표현한다.

> 내가 내 목숨을 걸고 하나님을 불러 증언하시게 하노니 내가 다시 고린도에 가지 아니한 것은 너희를 아끼려 함이라(고후 1:23)

바울은 자신을 비롯한 사도들의 직분은 겉으로는 초라해 보이지만 참으로 영광스러운 직분임을 말한다.

> 정죄의 직분도 영광이 있은즉 의의 직분은 영광이 더욱 넘치리라(고후 3:9)

사명을 감당하는 자는 질그릇처럼 보이지만, 이는 하나님의 능력을 드러내기 위함이다.

우리가 이 보배를 질그릇에 가졌으니 이는 심히 큰 능력은 하나님께 있고 우리에게 있지 아니함을 알게 하려 함이라(고후 4:7)

하나님은 그의 백성들에게 하나님과 세상을 화목하게 하는 거룩한 직분을 주신다.

모든 것이 하나님께로서 났으며 그가 그리스도로 말미암아 우리를 자기와 화목하게 하시고 또 우리에게 화목하게 하는 직분을 주셨으니 (고후 5:18)

이 직분을 감당하는 자들은 사명을 감당하기 위해 많은 고난을 당하지만, 실제로는 모든 것을 가진 부요한 자이다.

우리가 이 직분이 비방을 받지 않게 하려고 무엇에든지 아무에게도 거리끼지 않게 하고 오직 모든 일에 하나님의 일꾼으로 자천하여 많이 견디는 것과 환난과 궁핍과 고난과 매 맞음과 갇힘과 난동과 수고로움과 자지 못함과 먹지 못함 가운데서도 …… 가난한 자 같으나 많은 사람을 부요하게 하고 아무 것도 없는 자 같으나 모든 것을 가진 자로다 (고후 6:3~10)

하나님의 백성은 세상의 모든 권세와 이론들을 하나님의 능력을 힘입어 무너뜨리는 영적 싸움을 수행한다.

> 우리가 육신으로 행하나 육신에 따라 싸우지 아니하노니 우리의 싸우는 무기는 육신에 속한 것이 아니요 오직 어떤 견고한 진도 무너뜨리는 하나님의 능력이라 모든 이론을 무너뜨리며(고후 10:3~4)

바울은 자신이 진실한 사도임을 자기 자랑을 하면서까지 전한다.

> 원하건대 너희는 나의 좀 어리석은 것을 용납하라 청하건대 나를 용납하라(고후 11:1)
> 무익하나마 내가 부득불 자랑하노니 주의 환상과 계시를 말하리라 (고후 12:1)

그 목적은 거짓 선생들의 영적 도전에 대항하여 승리하도록 만들기 위함이다.

> 이것은 이상한 일이 아니니라 사탄도 자기를 광명의 천사로 가장하나니 그러므로 사탄의 일꾼들도 자기를 의의 일꾼으로 가장하는 것이 또한 대단한 일이 아니니라 그들의 마지막은 그 행위대로 되리라(고후 11:14~15)

하나님의 백성은 그의 나라를 위해 바울과 같은 수고를 아끼지 말아야 한다(고후 11:22~27). 그렇게 영혼을 사랑하는 수고를 감당하는 자가 하나님에게 더욱 큰 사랑을 받게 된다.

> 내가 너희 영혼을 위하여 크게 기뻐하므로 재물을 사용하고 또 내 자신까지도 내어 주리니 너희를 더욱 사랑할수록 나는 사랑을 덜 받겠느냐(고후 12:15)

편지를 통해 고린도교회가 복음 안에 온전히 서 있기를 바라는 마음이 구구절절이 드러나는 것이 〈고린도후서〉이다.

✚ 정리하기

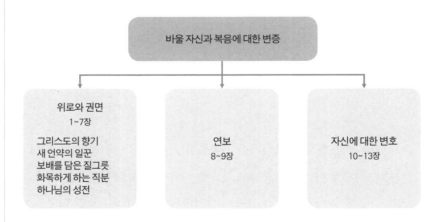

하나님의 백성은 질그릇처럼 보이지만, 진리를 담고 있다. 아무것도 없는 자 같으나 모든 것을 가진 사람들이다.

구원으로 주어지는
자유와 성령

〈갈라디아서〉 5:16
내가 이르노니 너희는 성령을 따라 행하라 그리하면 육체의 욕심을 이루지 아니하리라

✚ 통으로 보기

1	2	3	4	5	6
다른복음	오직믿음	아브라함	하갈사라	자유성령	육체성령

☐ 구원으로 주어지는 자유와 성령(1~6장)

✚ 들여다보기

1. 혼란스러운 갈라디아의 교회들

갈라디아는 소아시아(지금의 터키) 중앙고원지대의 북부에 위치하고 있는 지방이다. 바울은 1차와 2차 선교여행을 통해 갈라디아 지역을 방문하여 전도했으며, 교회를 많이 세웠다.

함께 있는 모든 형제와 더불어 갈라디아 여러 교회들에게(갈 1:2)

바울이 세운 갈라디아 지방의 여러 교회에 후에 유대인이 많이 들어와 율법을 지킬 것을 강조하였다.

어리석도다 갈라디아 사람들아 예수 그리스도께서 십자가에 못 박히신 것이 너희 눈 앞에 밝히 보이거늘 누가 너희를 꾀더냐 내가 너희에게서 다만 이것을 알려 하노니 너희가 성령을 받은 것이 율법의 행위로냐 혹은 듣고 믿음으로냐 너희가 이같이 어리석으냐 성령으로 시작하였다가 이제는 육체로 마치겠느냐(갈 3:1~3)

특히 음식에 관한 규정들을 지킬 것을 강조하였다.

게바가 안디옥에 이르렀을 때에 책망 받을 일이 있기로 내가 그를 대면하여 책망하였노라 야고보에게서 온 어떤 이들이 이르기 전에 게바가 이방인과 함께 먹다가 그들이 오매 그가 할례자들을 두려워하여 떠나 물러가매 남은 유대인들도 그와 같이 외식하므로 바나바도 그들의 외식에 유혹되었느니라(갈 2:11~13)

갈라디아 지방의 교회들은 혼란을 겪었다. 구약의 문화가 여전히 남아 율법에 의한 구원의 교리가 강조되는 동시에 복음으로 모든 이방인도 믿음으로 구원을 얻는다는 진리가 주어졌던 당시의 혼란을 정리하기 위해, 바울은 갈라디아 지방의 교회들에게 편지를 보냈다.

이제는 너희가 하나님을 알 뿐 아니라 더욱이 하나님이 아신 바 되었거늘 어찌하여 다시 약하고 천박한 초등학문으로 돌아가서 다시 그들에게 종 노릇 하려 하느냐 너희가 날과 달과 절기와 해를 삼가 지키니(갈 4:9~10)

따라서 〈갈라디아서〉는 〈로마서〉와 더불어 구원의 진리를 가장 잘 전달하는 편지가 되었다. 이 편지는 여러 교회에 전달되었다.

2. 내용요약

바울은 우리를 위해 죽으신 예수께 영광을 돌리면 편지를 시작한다(갈 1:1~5). 그리고 바로 강력한 경고와 함께 〈갈라디아서〉를 시작한다(갈 1:6~9). 바울은 오로지 예수 그리스도를 믿음으로 구원을 얻을 수 있다는 복음의 원리를 제시하기 위하여(갈 2:11~21), 자신이 이방인의 사도가 된 내력을 자세히 설명하며 복음을 변호한다(갈 1:11~2:10). 그리고 아브라함의 예를 들어 율법이 아니라 예수 그리스도를 믿음으로 하나님의 백성이 된다는 것을 강력한 책망의 어조로 논증한다(갈 3:1~4:20). 하나님의 백성은 율법의 종이 아니라, 하나님의 유업⧾을 상속받은 아들이요, 성령의 약속을 받은 사람들이다.

그리스도께서 우리를 위하여 저주를 받은 바 되사 율법의 저주에서 우리를 속량하셨으니 기록된 바 나무에 달린 자마다 저주 아래에 있는 자라 하였음이라 …… 너희가 그리스도의 것이면 곧 아브라함의 자손이요 약속대로 유업을 이을 자니라(갈 3:13, 29)

⧾ 유업
'조상으로부터 물려받은 사업'을 의미한다. 성경에서는 '땅'(왕상 21:3; 마 21:38 등), '재산'(잠 17:2; 전 7:11), '자손 대대로 물려주는 것'(창 28:3~4; 레 20:24; 신 15:4, 19:3), '어떤 통치권한에 속한 영역'(시 2:8 등) 등의 의미로 사용된다. 신약에서의 '유업'은 주로 '천국을 차지하는 특권'이란 의미를 지닌다(고전 6:9; 갈 3:29, 4:7; 골 3:24).

바울은 계속해서 하갈과 사라의 비유를 통해 하나님의 백성이 죄의 종이 아니라, 성령으로 죄를 이길 수 있는 자유자임을 증거한다(갈 4:21~31).

이제 하나님의 백성은 그 자유를 가지고 서로 사랑하며, 서로 종노릇하며 살아야 한다(갈 5:1~15). 그렇게 성령의 열매를 맺기 위해서 성령을 따라 살면서 육체의 정과 욕심을 십자가에 못 박아야 한다(갈 5:16~6:10). 성령을 따라 살아가는 하나님의 백성은 하나님의 주권을 삶에서 세워 가는 참으로 자유한 자이다. 바울은 참된 자유자의 삶을 위해 예수의 십자가만을 자랑하라고 권면하며 편지를 마친다(갈 6:11~18). 성령은 하나님의 백성이 하나님의 땅에서 하나님의 주권을 지키며 살아가기 위해 우리에게 주신 보혜사이다. 형식적으로 율법을 지키며 살면 우리는 외식에 빠지게 되며, 하나님의 주권을 인정하지 못하게 된다. 오직 성령을 따라 살아가는 것만이 율법을 뛰어넘어 하나님의 주권을 인정하며 성령의 열매를 맺는 삶을 살게 된다.

3. 핵심구절로 본 〈갈라디아서〉

갈라디아 지방에는 거짓 복음이 판을 치고 있었다. 바울은 복음을 왜곡하는 시도에 대해 결코 용납할 수 없었다.

그리스도의 은혜로 너희를 부르신 이를 이같이 속히 떠나 다른 복음을 따르는 것을 내가 이상하게 여기노라 다른 복음은 없나니 다만 어떤 사람들이 너희를 교란하여 그리스도의 복음을 변하게 하려 함이라 그러나 우리나 혹은 하늘로부터 온 천사라도 우리가 너희에게 전한 복

음 외에 다른 복음을 전하면 저주를 받을지어다(갈 1:6~8)

유대인들을 따라 할례와 율법준수를 구원의 조건으로 제시하면 하나님의 은혜로 주어진 예수의 복음이 훼손되기 때문이다.

그러나 나와 함께 있는 헬라인 디도까지도 억지로 할례를 받게 하지 아니하였으니 이는 가만히 들어온 거짓 형제들 때문이라 그들이 가만히 들어온 것은 그리스도 예수 안에서 우리가 가진 자유를 엿보고 우리를 종으로 삼고자 함이로되 그들에게 우리가 한시도 복종하지 아니하였으니 이는 복음의 진리가 항상 너희 가운데 있게 하려 함이라(갈 2:3~5)

내가 하나님의 은혜를 폐하지 아니하노니 만일 의롭게 되는 것이 율법으로 말미암으면 그리스도께서 헛되이 죽으셨느니라(갈 2:21)

하나님의 백성이 되어 성령의 인도하심을 따라 살게 된 것은 믿음을 통해서이다.

내가 너희에게서 다만 이것을 알려 하노니 너희가 성령을 받은 것이 율법의 행위로냐 혹은 듣고 믿음으로냐(갈 3:2)

하나님의 백성은 아브라함에게 주신 약속을 따라 온 세상에 복음을 전파하여 하나님의 나라를 확장하는 축복을 얻는다.

이는 그리스도 예수 안에서 아브라함의 복이 이방인에게 미치게 하고 또 우리로 하여금 믿음으로 말미암아 성령의 약속을 받게 하려 함이라(갈 3:14)

하나님의 백성은 성령의 능력으로 죄로부터 자유할 수 있다.

그리스도께서 우리를 자유롭게 하려고 자유를 주셨으니 그러므로 굳건하게 서서 다시는 종의 멍에를 메지 말라(갈 5:1)

성령을 따라 살아가면 육체의 욕심을 따라 살아가는 불행에서 해방되고, 하나님나라를 상속하여 진정으로 축복된 삶을 살아간다.

내가 이르노니 너희는 성령을 따라 행하라 그리하면 육체의 욕심을 이루지 아니하리라 육체의 소욕은 성령을 거스르고 성령은 육체를 거스르나니 이 둘이 서로 대적함으로 너희가 원하는 것을 하지 못하게 하려 함이니라(갈 5:16~17)

성령을 따라 살아가면 성령의 열매를 맺는다.

오직 성령의 열매는 사랑과 희락과 화평과 오래 참음과 자비와 양선과 충성과 온유와 절제니 이같은 것을 금지할 법이 없느니라(갈 5:22~23)

그렇게 성령의 인도하심을 따라 살아가는 자의 인생의 결과는 영원한 생명이다.

> 자기의 육체를 위하여 심는 자는 육체로부터 썩어질 것을 거두고 성령을 위하여 심는 자는 성령으로부터 영생을 거두리라(갈 6:8)

✝ 정리하기

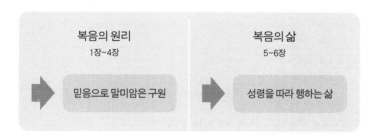

진정한 구원은 예수를 믿음으로 나오며, 믿음으로 구원받은 하나님의 백성은 성령을 따라 살아간다.

교회의 영광과 성도의 삶

〈에베소서〉 1:23
교회는 그의 몸이니 만물 안에서 만물을 충만하게 하시는 이의 충만함이니라

Note

✚ 통으로 보기

1	2	3	4	5	6
예정교회	은혜화평	비밀경륜	새 사람	아내남편	전신갑주

☐ 교회의 영광(1~3장)
☐ 성도의 영적 전쟁(4~6장)

✚ 들여다보기

1. 초기 기독교 중심지 에베소교회

바울은 세 번에 걸쳐 선교여행을 했으며〔1차 A.D. 47~49년, 2차 A.D. 49~51년(고린도), 3차 A.D. 52~57년(에베소)〕, 이후 로마에 가서 (A.D. 57~60년) 투옥(A.D. 60~62, A.D. 67~68년)과 석방을 반복하다가

순교했다(68년). 바울은 로마 감옥에 있을 때, 〈에베소서〉를 썼다.

Note

　이러므로 그리스도 예수의 일로 너희 이방인을 위하여 갇힌 자 된
나 바울이 말하거니와(엡 3:1)

　그 외에도 〈빌립보서〉, 〈골로새서〉, 〈빌레몬서〉를 썼다. 이 책들은 옥
중서신이라고 불리운다.

　에베소는 기독교 초기의 중심지였다. 바울 당시 에베소는(현재 터키의
서부) 소아시아의 수도로 무역의 중심지였고, 많은 사람이 모여들었던
곳이다. 화려한 도시의 문화가 꽃피웠던 곳이며, 풍요의 여신 아르테미
스 및 황제들을 숭배하던 우상숭배의 도시였다. 이만 오천을 수용할 수
있는 초대형 야외극장과 도서관 등이 있었다. 바울은 3차 전도여행 중
에 에베소에 약 3년간 머무르면서 브리스길라와 아굴라 부부와 함께 교
회를 세워 목회했다.

　에베소교회는 바울에 이어 디모데와 요한도 목회를 했던 초기 기독
교의 중심이었다. 바울이 투옥되어 있을 당시 에베소교회는 성숙한 모
습으로 부흥하고 있었던 것으로 보인다.

　하나님의 뜻으로 말미암아 그리스도 예수의 사도 된 바울은 에베소
에 있는 성도들과 그리스도 예수 안에 있는 신실한 자들에게 편지하노
니(엡 1:1)

바울은 에베소교회를 특별히 사랑했고, 이방인이었던 에베소교회의

성도들에게 그리스도께서 하나 되게 하신 것을 힘써 지켜 하나 되어 그리스도의 몸인 교회를 세워갈 것을 당부했다.

2. 내용요약

〈에베소서〉의 핵심단어는 '그리스도(예수) 안에서'와 '하나'라는 단어이다. 〈에베소서〉는 그리스도 안에서 연합하여 세워 가는 하나님의 나라, 즉 교회의 영광과(1~3장), 하나님백성의 하나 되는 삶에 대해 가르치는 책이다(4~6장). 〈에베소서〉는 '그리스도 안에서 성도들의 하나 됨'을 계속 이야기하고 있다.

> 하늘에 있는 것이나 땅에 있는 것이 다 그리스도 안에서 통일되게 하려 하심이라(엡 1:10)
> 또 만물을 그의 발 아래에 복종하게 하시고 그를 만물 위에 교회의 머리로 삼으셨느니라 교회는 그의 몸이니 만물 안에서 만물을 충만하게 하시는 이의 충만함이니라(엡 1:22~23, 참고 엡 2:13~18, 21~22, 3:6, 4:3~6, 13~16, 25, 32, 5:21, 31~33, 6:1~9)

〈에베소서〉에는 '그리스도(예수) 안에서', '주 안에서'라는 표현이 33번 나온다. 〈에베소서〉는 그리스도를 머리로 한 성도들의 연합인 교회를 매우 강조하고 있다. 성도들의 연합을 통해 교회는 아름답게 세워 가고, 성도는 그리스도 안에서 영적으로 성장하여 새로운 삶을 누린다.

바울은 성부 성자 성령 하나님의 구원사역을 통해 만물을 하나님에게 영광을 돌리는 존재로서 하나 되게 하시고, 예수 그리스도가 그 만물의 머리가 되셨다고 설명한다(1장). 교회는 그리스도 안에서 하나 된 몸이다. 죄로 죽었던 인류를 은혜로 구원하시고, 십자가의 피로 하나 되게 하셨고(2장), 십자가의 복음으로 이방인들까지 하나가 되고 있다(3장).

이렇게 하나 된 하나님백성들의 모임인 교회는 하나 됨을 지키며 성장해야 한다(엡 4:1~16). 옛 사람을 벗어버리고 새 사람이 되어, 거짓을 버리고, 구제하며 선한 일을 도모해야 한다(엡 4:17~32). 빛의 자녀처럼 행하며 모든 관계에 있어 주 안에서 하나가 되어야 한다(엡 5:1~6:9). 그러기 위해 영적 전신갑주를 입고 마귀와 싸워 이겨야 한다는 것을 강조하며(엡 6:10~20), 인사로 마무리한다(엡 6:21~24). 〈에베소서〉는 하나님의 백성이 어떻게 하나 되어 하나님에게 영광 돌리는 삶을 살아갈 것인지 알려 주는 정말 소중한 책이다.

3. 핵심구절로 본 〈에베소서〉

삼위일체 하나님의 놀라운 능력으로 구원을 받은 하나님의 백성은 죽은 자 가운데서 부활하신 예수 그리스도를 머리로 한 교회를 구성한다.

그의 능력이 그리스도 안에서 역사하사 죽은 자들 가운데서 다시 살리시고 하늘에서 자기의 오른편에 앉히사 모든 통치와 권세와 능력과 주권과 이 세상뿐 아니라 오는 세상에 일컫는 모든 이름 위에 뛰어나게 하시고 또 만물을 그의 발 아래에 복종하게 하시고 그를 만물 위에 교회의 머리로 삼으셨느니라 교회는 그의 몸이니 만물 안에서 만물을 충만하게 하시는 이의 충만함이니라(엡 1:20~23)

교회는 예수 그리스도의 몸으로 이 세상의 모든 부족함을 채우며, 이 세상을 하나님의 은혜로 충만하게 한다. 예수 안에서 모든 세상의 반목과 갈등은 사라지고 교회의 하나 됨이 이루어진다.

또 십자가로 이 둘을 한 몸으로 하나님과 화목하게 하려 하심이라 원수 된 것을 십자가로 소멸하시고 또 오셔서 먼 데 있는 너희에게 평안을 전하시고 가까운 데 있는 자들에게 평안을 전하셨으니 이는 그로 말미암아 우리 둘이 한 성령 안에서 아버지께 나아감을 얻게 하려 하심이라(엡 2:16~18)

모든 하나님의 백성은 벽돌과 같이 서로 연합하여 이 세상을 충만하게 하는 하나님의 교회를 이루어간다.

그의 안에서 건물마다 서로 연결하여 주 안에서 성전이 되어 가고 너희도 성령 안에서 하나님이 거하실 처소가 되기 위하여 그리스도 예수 안에서 함께 지어져 가느니라(엡 2:21~22)

교회를 통해 이 세상에 뜻하신 하나님의 계획이 나타나고, 교회를 통해 이 세상에 참된 지혜가 전달된다.

영원부터 만물을 창조하신 하나님 속에 감추어졌던 비밀의 경륜이 어떠한 것을 드러내게 하려 하심이라 이는 이제 교회로 말미암아 하늘에 있는 통치자들과 권세들에게 하나님의 각종 지혜를 알게 하려 하심

이니(엡 3:9~10)

모든 하나님의 백성은 하나님이 구원의 길로 부르셨기 때문에, 그에 합당한 삶을 살아가도록 힘써야 한다.

그러므로 주 안에서 갇힌 내가 너희를 권하노니 너희가 부르심을 받은 일에 합당하게 행하여(엡 4:1)

세상에 흔들리지 않고 예수님을 머리로 한 교회를 아름답게 세워 가기 위해 성도는 그리스도의 장성한 분량에까지 성장해야 한다.

우리가 다 하나님의 아들을 믿는 것과 아는 일에 하나가 되어 온전한 사람을 이루어 그리스도의 장성한 분량이 충만한 데까지 이르리니 이는 우리가 이제부터 어린 아이가 되지 아니하여 사람의 속임수와 간사한 유혹에 빠져 온갖 교훈의 풍조에 밀려 요동하지 않게 하려 함이라 오직 사랑 안에서 참된 것을 하여 범사에 그에게까지 자랄지라 그는 머리니 곧 그리스도라(엡 4:13~15)

이것을 위해 성도는 옛 사람을 벗고, 새 사람으로 새롭게 창조되어야 한다.

너희는 유혹의 욕심을 따라 썩어져 가는 구습을 따르는 옛 사람을 벗어 버리고 오직 너희의 심령이 새롭게 되어 하나님을 따라 의와 진

리의 거룩함으로 지으심을 받은 새 사람을 입으라(엡 4:22~24)

새 사람으로서의 삶은 우리 삶의 모든 영역과 관계를 변화시킨다.

그러나 너희도 각각 자기의 아내 사랑하기를 자신 같이 하고 아내도
자기 남편을 존경하라(엡 5:33)

마지막으로 바울은 우리가 이렇게 영적으로 성숙하여 교회의 머리이
신 그리스도를 높이기 위해 영적인 전신갑주를 입고 싸워 승리해야 함
을 강조한다.

마귀의 간계를 능히 대적하기 위하여 하나님의 전신 갑주를 입으라
(엡 6:11)

✚ 정리하기

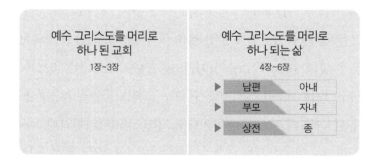

예수 그리스도를 머리로 하나 된 교회 1장~3장	예수 그리스도를 머리로 하나 되는 삶 4장~6장	
	▶ 남편	아내
	▶ 부모	자녀
	▶ 상전	종

예수 그리스도를 머리로 하여 하나 된 하나님백성의 공동체인 교회는
하나 됨을 지키는 삶을 살아야 한다.

그리스도를 닮은
성숙한 삶

〈빌립보서〉 2:5
너희 안에 이 마음을 품으라 곧 그리스도 예수의 마음이니

✚ 통으로 보기

1	2	3	4
매임기쁨	예수마음	예수지식	자족비결

☐ 그리스도를 닮은 성숙한 삶 (1~4장)

✚ 들여다보기

1. 유럽의 첫 선교지, 빌립보교회

바울은 2차 선교여행 때 유럽의 첫 선교지 빌립보를 방문하여 전도
했다(행 16:12). 그는 루디아를 만나 온 가족에게 유럽에서의 첫 세례
를 주기도 하였으나, 점치는 여종을 고친 일로 감옥에 갇히기도 했다(행

16:16~34). 감옥에서 간수를 전도한 일은 유명하다.

빌립보는 유럽과 아시아를 잇는 관문에 위치한 작은 로마였다. 빌립보는 인근에 금과 은을 채굴하는 광산이 있었기 때문에 부유한 도시였다. 역사적으로 알렉산더 대왕이 이곳을 기지로 삼았으며, 그의 아버지 마게도냐의 빌립 2세는 주변의 많은 광산을 점령하고 이곳을 빌립보라고 명명했다. B.C. 167년 마게도냐가 로마에게 패하여 빌립보는 로마의 영토가 되었다. 많은 로마시민, 특히 가이사에게 고용되었다가 은퇴한 군인들이 땅을 받아 살고 있었다. 바울은 이들과 많이 접촉했을 것이다. 후에 바울이 로마 감옥에 있을 때 〈빌립보서〉를 쓰게 되었다.

내가 너희 무리를 위하여 이와 같이 생각하는 것이 마땅하니 이는 너희가 내 마음에 있음이며 나의 매임과 복음을 변명함과 확정함에 너희가 다 나와 함께 은혜에 참여한 자가 됨이라(빌 1:7)

2. 내용요약

바울은 〈고린도전·후서〉나 〈갈라디아서〉와는 다르게 전반적으로 온화한 어조로 빌립보교회에 편지하고 있다. 처음부터 빌립보의 성도들을 칭찬하며 더욱 성장하기를 기도한다(빌 1:1~11). 그리고 어떤 상황에서도 구원을 이루어가는 기쁨의 삶을 사는 성숙함을 권면한다(빌 1:27~30, 2:12~18, 3:17~4:9). 이를 위해 바울은 자신이 감옥에 있을 때 기뻐했던 것과(빌 1:12~26), 십자가에 죽기까지 낮아지신 예수님의 마음과(빌 2:1~11), 복음을 위해 예수의 일만을 생각하는 디모데와 에바브로디도를 예로 들어 성숙함을 요청한다(빌 2:19~30). 늘 기쁨에 충만한 성숙한 삶이란, 자신의 육신을 위한 일을 구하지 않고, 오직 예수 그리스도를 존귀하게 여기며 푯대를 향해 나아가는 삶이다(빌 3:1~16). 바울은 마지막으로 빌립보의 성도들이 보내 준 연보에 감사하면서(빌 4:10~20), 편지를 마무리한다(빌 4:21~23).

3. 핵심구절로 본 〈빌립보서〉

바울은 하나님의 백성이 하나님의 주권을 인정하며 살아갈 때 중요한 것이 기쁨임을 강조한다. 바울은 이 짧은 서신에 '기쁨/기뻐하라'는 단어를 18회 사용하고 있다.

> 간구할 때마다 너희 무리를 위하여 기쁨으로 항상 간구함은 …… 그러면 무엇이냐 겉치레로 하나 참으로 하나 무슨 방도로 하든지 전파되는 것은 그리스도니 이로써 나는 기뻐하고 또한 기뻐하리라 …… 내가 살 것과 너희 믿음의 진보와 기쁨을 위하여 너희 무리와 함께 거할 이것을 확실히 아노니(빌 1:4, 18, 25, 참고 빌 2:4, 13, 17~18, 28~29, 3:1, 4:1, 4, 10, 18)

그러면 어떻게 늘 기뻐하는 성숙한 삶을 살아갈 수 있을까? 바울은 자신의 예를 들어 하나님의 영광과 그리스도의 복음전파를 위해 살아가는 성도는 늘 기뻐하며 살 수 있다고 말한다.

바울은 빌립보 성도들에게 복음에 합당하게 생활할 것을 말한다. 하나님의 백성은 늘 복음을 중심으로 살아갈 때 성숙한 삶을 살아갈 수 있다.

오직 너희는 그리스도의 복음에 합당하게 생활하라 이는 내가 너희에게 가 보나 떠나 있으나 너희가 한마음으로 서서 한 뜻으로 복음의 신앙을 위하여 협력하는 것과(빌 1:27)

성숙함의 모범은 예수 그리스도이다.

너희 안에 이 마음을 품으라 곧 그리스도 예수의 마음이니(빌 2:5)

예수의 마음을 품은 디모데와 에바브로디도는 빌립보 성도들에게 좋은 모범으로 제시된다.

디모데의 연단을 너희가 아나니 자식이 아버지에게 함같이 나와 함께 복음을 위하여 수고하였느니라(빌 2:22)
그러나 에바브로디도를 너희에게 보내는 것이 필요한 줄로 생각하노니 그는 나의 형제요 함께 수고하고 함께 군사 된 자요 너희 사자로 내가 쓸 것을 돕는 자라(빌 2:25)

하나님의 백성이 상황과 조건을 넘어서서 주의 복음을 위한 삶을 살아갈 수 있으려면 예수의 복음이 가장 위대하고 고상한 것임을 깨달아야 가능하다.

그러나 무엇이든지 내게 유익하던 것을 내가 그리스도를 위하여 다 해로 여길뿐더러 또한 모든 것을 해로 여김은 내 주 그리스도 예수를 아는 지식이 가장 고상하기 때문이라 내가 그를 위하여 모든 것을 잃어버리고 배설물로 여김은 그리스도를 얻고(빌 3:7~8)

바울은 성숙하지 못하게 살아가는 성도들을 권면하면서 항상 기뻐하는 삶을 살아가라고 권면한다.

내가 유오디아를 권하고 순두게를 권하노니 주 안에서 같은 마음을 품으라(빌 4:2)

주 안에서 항상 기뻐하라 내가 다시 말하노니 기뻐하라(빌 4:4)

그리고 마지막으로 예수 안에서 성숙한 삶을 위하여 노력할 것을 권면하고 있다.

끝으로 형제들아 무엇에든지 참되며 무엇에든지 경건하며 무엇에든지 옳으며 무엇에든지 정결하며 무엇에든지 사랑 받을 만하며 무엇에든지 칭찬 받을 만하며 무슨 덕이 있든지 무슨 기림이 있든지 이것들을 생각하라(빌 4:8)

✚ 정리하기

하나님의 백성은 예수 그리스도를 따라 겸손히 하나님나라를 바라보며 성숙한 삶을 살아야 한다.

성숙한 삶 = 자신보다 하나님나라를 위한 삶	
성숙한 삶의 모델 1장~2장	**권면** 3장~4장
① 바울 자신	① 푯대
② 그리스도 예수	② 하늘의 시민권
③ 디모데	
④ 에바브로디도	

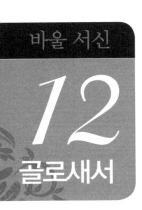

그리스도의
탁월함

〈골로새서〉 2 : 18
아무도 꾸며낸 겸손과 천사 숭배를 이유로 너희를 정죄하지 못하게 하라 그가 그 본 것에 의지하여
그 육신의 생각을 따라 헛되이 과장하고

Note

✚ 통으로 보기

1	2	3	4
만물으뜸	초등학문	새 사람	상전기도

☐ 그리스도의 탁월함(1~4장)

✚ 들여다보기

1. 문화의 용광로 골로새교회

〈골로새서〉는 바울이 로마에 있을 때 썼던 편지 중 하나이다.

나 바울은 친필로 문안하노니 내가 매인 것을 생각하라 은혜가 너희

에게 있을지어다(골 4:18)

골로새는 바울이 2, 3차 전도여행을 할 때 지나간 소아시아 브루기아 지방의 한 도시이다.

> 성령이 아시아에서 말씀을 전하지 못하게 하시거늘 그들이 브루기아와 갈라디아 땅으로 다녀가(행 16:6)
> 얼마 있다가 떠나 갈라디아와 브루기아 땅을 차례로 다니며 모든 제자를 굳건하게 하니라(행 18:23)

골로새 지역의 원주민은 잡다한 신들을 숭배하는 브루기아인들이었다. 또한 메소포타미아와 바벨론에서 많은 유대인이 이주하여 섞여 살았다. 이 지역은 전통적으로 다른 민족으로부터 다양한 영향을 받은 혼합문화가 형성되어 있었다. 이러한 배경으로 볼 때 골로새에는 신앙에 혼란을 주는 잘못된 가르침들이 많았을 것이다. 바울은 에바브라에 의해 골로새교회의 상황을 들었고, 이러한 혼합문화의 영향으로 신앙이 혼란에 빠지지 않도록 이 편지를 쓰게 되었다.

> 이런 것들은 자의적 숭배와 겸손과 몸을 괴롭게 하는 데는 지혜 있는 모양이나 오직 육체 따르는 것을 금하는 데는 조금도 유익이 없느니라(골 2:23)

바울이 골로새지역을 직접 방문한 적은 없다. 바울의 동역자 에바브라에 의해 골로새교회가 세워졌고, 바울은 그를 통해 골로새교회의 소식을 늘 듣고 있었다.

> 이와 같이 우리와 함께 종 된 사랑하는 에바브라에게 너희가 배웠나니 그는 너희를 위한 그리스도의 신실한 일꾼이요(골 1:7)
> 그리스도 예수의 종인 너희에게서 온 에바브라가 너희에게 문안하느니라 그가 항상 너희를 위하여 애써 기도하여 너희로 하나님의 모든 뜻 가운데서 완전하고 확신 있게 서기를 구하나니(골 4:12)

〈골로새서〉를 쓸 때에 에바브라는 바울과 함께 있었다.

> 그리스도 예수 안에서 나와 함께 갇힌 자 에바브라와(몬 1:23)

골로새교회는 아킵보가 지도자로 목회를 하고 있었다.

> 아킵보에게 이르기를 주 안에서 받은 직분을 삼가 이루라고 하라(골 4:17)

두기고와 골로새교회의 성도 빌레몬에게서 도망친 종 오네시모가 편지와 더불어 골로새 성도들에게 소식을 전했다.

> 두기고가 내 사정을 다 너희에게 알려 주리니 그는 사랑 받는 형제요 신실한 일꾼이요 주 안에서 함께 종이 된 자니라 …… 신실하고 사

랑을 받는 형제 오네시모를 함께 보내노니 그는 너희에게서 온 사람이
라 그들이 여기 일을 다 너희에게 알려 주리라(골 4:7, 9)

오네시모는 바울의 지시를 따라 주인 빌레몬에게로 돌아가는 길이었다.

2. 내용요약

바울은 인사와 감사의 기도를 쓴 후(골 1:1~8), 하나님의 형상이며,
모든 피조물보다 먼저 난 분이시며, 교회의 머리이신 예수 그리스도를
전하고(골 1:9~23), 그 예수를 전하는 자신의 사역에 대해 설명한다(골
1:24~2:5). 그리고 온갖 이방의 사상에 빠져 잘못된 신앙에 물들어 있는
골로새교회의 잘못된 점을 지적하며(골 2:6~2:23), 예수 그리스도를 믿
는 자로 모든 우상숭배를 버리고, 생각과 삶에서 새로워질 것을 권면한
다(골 3:1~17). 나아가 〈에베소서〉에서도 전했던 관계에서 지켜야 할 것
들과 새로운 삶의 교훈들을 간략하게 정리한다(골 3:18~4:6). 마지막으
로 그는 함께 보내는 두기고와 오네시모, 그밖에 여러 사람의 문안을 전
하며 편지를 마친다(골 4:7~18).

3. 핵심구절로 본 〈골로새서〉

바울은 골로새지역의 성도들에게 예수가 어떤 분이신지 정확히 전하
여 참된 믿음 안에서 살아가도록 권면할 필요가 있었다. 예수 그리스도
는 참 하나님이시며, 모든 것의 창조주이시며, 모든 만물의 근원이시며,
교회의 머리이시다.

그는 보이지 아니하는 하나님의 형상이시요 모든 피조물보다 먼저 나신 이시니 만물이 그에게서 창조되되 하늘과 땅에서 보이는 것들과 보이지 않는 것들과 혹은 왕권들이나 주권들이나 통치자들이나 권세들이나 만물이 다 그로 말미암고 그를 위하여 창조되었고 또한 그가 만물보다 먼저 계시고 만물이 그 안에 함께 섰느니라 그는 몸인 교회의 머리시라 그가 근본이시요 죽은 자들 가운데서 먼저 나신 이시니 이는 친히 만물의 으뜸이 되려 하심이요(골 1:15~18)

예수님은 온전한 신이시며, 골로새 성도들이 섬기도록 유혹받는 어떤 존재보다 뛰어나신 분이시다.

그 안에는 신성의 모든 충만이 육체로 거하시고 너희도 그 안에서 충만하여졌으니 그는 모든 통치자와 권세의 머리시라(골 2:9~10)

그러므로 예수 그리스도 이외에는 어떤 것도 신앙과 숭배의 대상이 될 수 없다. 이러한 복음적 기초 아래 바울은 세상의 철학과 거짓 교훈들을 배격했다.

누가 철학과 헛된 속임수로 너희를 사로잡을까 주의하라 이것은 사람의 전통과 세상의 초등학문을 따름이요 그리스도를 따름이 아니니라(골 2:8)

나아가 유대인들의 헛된 가르침과 의식주의를 배격했다.

또 그 안에서 너희가 손으로 하지 아니한 할례를 받았으니 곧 육의 몸을 벗는 것이요 그리스도의 할례니라(골 2:11)

그러므로 먹고 마시는 것과 절기나 초하루나 안식일을 이유로 누구든지 너희를 비판하지 못하게 하라(골 2:16)

또한 이교적인 천사숭배✝와 금욕주의✝ 등을 따르지 말고 오직 예수 그리스도께서 기뻐하시는 삶을 살아가라고 가르친다.

아무도 꾸며낸 겸손과 천사 숭배를 이유로 너희를 정죄하지 못하게 하라 그가 그 본 것에 의지하여 그 육신의 생각을 따라 헛되이 과장하고(골 2:18)

이런 것들은 자의적 숭배와 겸손과 몸을 괴롭게 하는 데는 지혜 있는 모양이나 오직 육체 따르는 것을 금하는 데는 조금도 유익이 없느니라(골 2:23)

예수 안에 하나님의 모든 신성의 충만함이 있으며, 예수를 구원의 주님으로 영접하는 것은 구원을 위한 모든 요구를 만족시킨다. 우리는 그리스도의 복음으로 우리의 모든 생각까지 새롭게 창조되어 온전히 새로운 삶을 살아야 한다.

너희가 서로 거짓말을 하지 말라 옛 사람과 그 행위를 벗어 버리고 새 사람을 입었으니 이는 자기를 창조하신 이의 형상을 따라 지식에까지 새롭게 하심을 입은 자니라 거기에는 헬라인이나 유대인이나 할례

✝ 천사숭배
골로새교회를 어지럽혔던 이단 중 하나였다. 천사숭배자들은 "인간이 하나님을 직접 섬기는 것은 교만한 것이며, 하나님과 인간 사이에 중보역할을 하는 천사를 숭배해야 한다"고 가르쳤다. 이들은 천사의 중보를 기원하고 천사를 예배하도록 했다. 나아가 자신들의 환상과 직관 등을 유일한 신앙의 기초로 여겼다.

✝ 금욕주의
기독교의 초기 금욕주의자들은 고독한 자기 억제의 생활을 하고 단식이나 기도에 전념함으로써 구원을 받을 수 있다고 생각했다.

파나 무할례파나 야만인이나 스구디아인이나 종이나 자유인이 차별
이 있을 수 없나니 오직 그리스도는 만유시요 만유 안에 계시니라(골
3:9~11)

✝ 정리하기

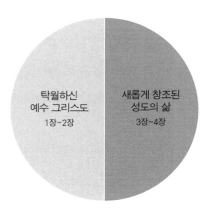

예수 그리스도는 세상의 어떤 철학이나 가르침과도 비교할 수 없는 진
리이시다. 예수 그리스도를 따라 완전히 새롭게 창조된 백성으로 살아
가라.

재림에 관한
지식

〈데살로니가전서〉3:13
너희 마음을 굳건하게 하시고 우리 주 예수께서 그의 모든 성도와 함께 강림하실 때에 하나님 우리
아버지 앞에서 거룩함에 흠이 없게 하시기를 원하노라

바울 서신

13

데살로니가전서

➕ 통으로 보기

Note

1	2	3	4	5
믿음의본	고난영광	디모데	거룩재림	깨어보전

☐ 재림에 관한 지식(1~5장)

➕ 들여다보기

1. 박해받던 데살로니가교회

데살로니가는 마게도냐(지금의 북부 그리스)의 수도였다. 이 도시는 에게 해안의 번창한 항구도시였다. 오늘날 이 도시는 '데살로니키'라 불리고 있는데, 그리스에서 아테네 다음으로 번영한 도시이다. 데살로니

가는 바울이 2차 선교여행 중 아시아지역(터키 동부)에서 전도하다가 마게도냐 지방으로 부르심을 받은 후 빌립보에 이어 두 번째로 전도했던 지역이다. 바울은 유럽으로 오기 전에 디모데를 만나 동행했고, 데살로니가에서 전도할 때 함께 동행했다.

> 디모데는 루스드라와 이고니온에 있는 형제들에게 칭찬 받는 자니 바울이 그를 데리고 떠나고자 할새 그 지역에 있는 유대인으로 말미암아 그를 데려다가 할례를 행하니 이는 그 사람들이 그의 아버지는 헬라인인 줄 다 앎이러라(행 16:2~3)

후에 바울은 디모데를 데살로니가에 이 편지와 함께 파송하여 성도들을 돕게 했다.

데살로니가에 살던 많은 사람이 바울과 실라의 전도를 받고 그 말씀을 따랐으며, 그들은 교회를 이루었다. 하지만 그곳에 있던 유대인들은 전도하던 바울과 실라 일행뿐 아니라, 교회까지도 많이 핍박했다(행 17:1~9). 데살로니가의 유대인들은 이후 베뢰아까지 내려가서 전도하던 바울 일행을 핍박하였다(행 17:10~15). 바울은 충분히 양육하지 못하고 떠난 데살로니가교회의 성도들을 염려했으며, 유대인들의 박해 역시 걱정했다. 따라서 바울은 디모데를 보내 데살로니가에 대한 소식을 듣고자 했다.

> 지금은 디모데가 너희에게로부터 와서 너희 믿음과 사랑의 기쁜 소식을 우리에게 전하고 또 너희가 항상 우리를 잘 생각하여 우리가 너

희를 간절히 보고자 함과 같이 너희도 우리를 간절히 보고자 한다 하니(살전 3:6)

바울은 고린도에 있을 때 데살로니가로부터 좋은 소식이 전해지자 기쁨으로 이 편지를 썼다. 〈데살로니가전서〉는 2차 선교여행 때 썼던 바울의 최초 편지로 여겨진다.

2. 내용요약

바울은 핍박 가운데 있을 데살로니가교회에 대해 걱정하지 않을 수 없었다. 핍박을 이기며 믿음을 지키는 데살로니가 성도들을 칭찬한다(살전 1:1~10). 바울은 그들을 위로하기 위해 자신의 사역을 회고하며(살전 2:1~12), 데살로니가 교인들이 고난을 견디고 믿음을 지킨 것을 칭찬한다(살전 2:13~16). 바울은 다시 방문할 수 없게 됨을 아쉬워하며, 디모데를 보내 소식을 듣게 됨을 감사한다(3장).

바울은 뒷부분에 주의 재림과 죽은 자들의 부활에 대해 가르치면서(살전 4:13~5:11), 거룩하고 근면한 삶을 권면한다(살전 4:1~12). 바울은 매우 유명한 몇 가지 권면과 함께 편지를 마무리한다(살전 4:12~28). 항상 기뻐하라. 쉬지 말고 기도하라. 범사에 감사하라. 성령을 소멸하지 마라. 예언을 멸시하지 마라. 악은 어떤 모양이라도 버리라.

3. 핵심구절로 본 〈데살로니가전서〉

바울에게 있어 데살로니가는 핍박과 환난의 고통스러운 기억을 주는 도시였다. 하지만 동시에 그곳의 성도들이 믿음을 지키는 것에 대해 칭찬과 격려를 아끼지 않았다.

또 너희는 많은 환난 가운데서 성령의 기쁨으로 말씀을 받아 우리와 주를 본받은 자가 되었으니 그러므로 너희가 마게도냐와 아가야에 있는 모든 믿는 자의 본이 되었느니라(살전 1:6~7)

데살로니가 성도들이 믿음을 지킬 수 있었던 것은 그들이 사도들의 가르침을 하나님의 말씀으로 받았고, 그 말씀이 역사했기 때문이다.

이러므로 우리가 하나님께 끊임없이 감사함은 너희가 우리에게 들은 바 하나님의 말씀을 받을 때에 사람의 말로 받지 아니하고 하나님의 말씀으로 받음이니 진실로 그러하도다 이 말씀이 또한 너희 믿는 자 가운데에서 역사하느니라(살전 2:13)

바울은 이렇게 믿음으로 핍박을 이겨 내는 데살로니가 성도들이 더욱 거룩하고 정결한 삶에 이르도록 기도하고 독려했다.

너희 마음을 굳건하게 하시고 우리 주 예수께서 그의 모든 성도와 함께 강림하실 때에 하나님 우리 아버지 앞에서 거룩함에 흠이 없게 하시기를 원하노라(살전 3:13)

특히 핍박을 당하는 때로는 순교하는 성도들을 위해 재림의 소망을 주어 담대히 믿음을 지키도록 격려했다.

형제들아 자는 자들에 관하여는 너희가 알지 못함을 우리가 원하지 아니하노니 이는 소망 없는 다른 이와 같이 슬퍼하지 않게 하려 함이라 우리가 예수께서 죽으셨다가 다시 살아나심을 믿을진대 이와 같이 예수 안에서 자는 자들도 하나님이 그와 함께 데리고 오시리라 …… 그 후에 우리 살아남은 자들도 그들과 함께 구름 속으로 끌어 올려 공중에서 주를 영접하게 하시리니 그리하여 우리가 항상 주와 함께 있으리라(살전 4:13~17)

재림에 대한 올바른 가르침은 말세를 살아가는 성도들에게 무엇보다 중요하다.

형제들아 때와 시기에 관하여는 너희에게 쓸 것이 없음은(살전 5:1)

오직 우리는 깨어 기도하며, 다시 오실 주님을 고대하며 살아야 한다.

그러므로 우리는 다른 이들과 같이 자지 말고 오직 깨어 정신을 차릴지라(살전 5:6)

✚ 정리하기

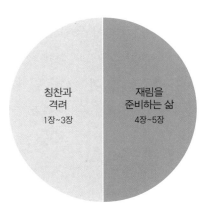

하나님의 백성은 임박한 재림을 소망하며, 깨어 기도하며, 정결한 삶을
살아야 한다.

재림에 대한
준비

바울 서신
14
데살로니가후서

〈데살로니가후서〉 2:1~2

형제들아 우리가 너희에게 구하는 것은 …… 주의 날이 이르렀다고 해서 쉽게 마음이 흔들리거나
두려워하거나 하지 말아야 한다는 것이라

✛ 통으로 보기

1	2	3
환난인내	미혹주의	게으름 일

☐ 재림에 대한 준비(1~3장)

✛ 들여다보기

1. 박해받던 데살로니가교회

〈데살로니가후서〉는 〈데살로니가전서〉와 마찬가지로 바울의 2차 선
교여행 중 기록되었다. 바울은 여전히 실라와 디모데와 함께 선교여행
을 하고 있었으며, 〈데살로니가전서〉를 기록한 지 몇 달 후에 〈데살로니

가후서〉를 기록한 것으로 보인다.

> 바울과 실루아노와 디모데는 하나님 우리 아버지와 주 예수 그리스
> 도 안에 있는 데살로니가인의 교회에 편지하노니(살후 1:1)

〈데살로니가후서〉는 〈데살로니가전서〉에서 주로 다루었던 문제들 중 종말에 관한 가르침을 덧붙임으로 데살로니가의 성도들이 담대하게 박해를 이겨 내고, 또한 주님의 재림에 대한 올바른 지식을 통해 미혹을 받지 않게 하기 위해 기록되었다.

> 그러므로 너희가 견디고 있는 모든 박해와 환난 중에서 너희 인내와
> 믿음으로 말미암아 하나님의 여러 교회에서 우리가 친히 자랑하노라
> (살후 1:4)
> 형제들아 우리가 너희에게 구하는 것은 우리 주 예수 그리스도의 강
> 림하심과 우리가 그 앞에 모임에 관하여 영으로나 또는 말로나 또는
> 우리에게서 받았다 하는 편지로나 주의 날이 이르렀다고 해서 쉽게 마
> 음이 흔들리거나 두려워하거나 하지 말아야 한다는 것이라 누가 어떻
> 게 하여도 너희가 미혹되지 말라(살후 2:1~3a)

2. 내용요약

바울은 주님의 재림과 더불어 하나님의 공의로운 심판이 있을 것임을 강조하면서, 박해와 환난 가운데서도 믿음과 인내로 견딜 것을 권면한다(1장). 특별히 거짓된 가르침에 흔들리지 말고, 배운 말씀과 편지의

가르침을 따라 믿음을 지킬 것을 강조한다(2장). 마지막으로 바울은 기도를 요청하고, 자신이 명한 것을 지킬 것에 대해 권면한다(살후 3:1~5). 그리고 주의 일에 열심을 다하고 게으르지 말 것을 강력히 주문하며 편지를 마무리한다(살후 3:6~18).

3. 핵심구절로 본 〈데살로니가후서〉

우리가 악한 자들의 핍박에도 믿음을 지킬 수 있는 이유는 하나님의 공의 때문이다. 하나님은 공의로우심으로 환난 중에 믿음을 지키는 자들에게는 안식을 주시고, 환난을 주는 자들에게는 환난으로 갚으실 것이다.

> 너희로 환난을 받게 하는 자들에게는 환난으로 갚으시고 환난을 받는 너희에게는 우리와 함께 안식으로 갚으시는 것이 하나님의 공의시니 주 예수께서 자기의 능력의 천사들과 함께 하늘로부터 불꽃 가운데에 나타나실 때에 하나님을 모르는 자들과 우리 주 예수의 복음에 복종하지 않는 자들에게 형벌을 내리시리니(살후 1:6~8)

하나님의 백성은 예수의 재림이 이르렀다는 소식을 들더라도 흔들리거나 두려워하면 안 된다.

> 형제들아 우리가 너희에게 구하는 것은 우리 주 예수 그리스도의 강림하심과 우리가 그 앞에 모임에 관하여 영으로나 또는 말로나 또는 우리에게서 받았다 하는 편지로나 주의 날이 이르렀다고 해서 쉽

게 마음이 흔들리거나 두려워하거나 하지 말아야 한다는 것이라(살후 2:1~2)

예수의 재림이 있기 전에 반드시 불법의 사람이 나타나는데, 그는 하나님을 대적하며, 스스로를 하나님이라고 내세우는 자이다.

누가 어떻게 하여도 너희가 미혹되지 말라 먼저 배교하는 일이 있고 저 불법의 사람 곧 멸망의 아들이 나타나기 전에는 그 날이 이르지 아니하리니 그는 대적하는 자라 신이라고 불리는 모든 것과 숭배함을 받는 것에 대항하여 그 위에 자기를 높이고 하나님의 성전에 앉아 자기를 하나님이라고 내세우느니라(살후 2:3~4)

그는 능력과 표적과 거짓 기적과 불의의 속임으로 미혹한다. 이렇게 악한 자들이 먼저 나타나는 이유는 진리를 믿지 않고 불의를 좋아하는 사람을 심판하기 위함이다.

악한 자의 나타남은 사탄의 활동을 따라 모든 능력과 표적과 거짓 기적과 불의의 모든 속임으로 멸망하는 자들에게 있으리니 이는 그들이 진리의 사랑을 받지 아니하여 구원함을 받지 못함이라 이러므로 하나님이 미혹의 역사를 그들에게 보내사 거짓 것을 믿게 하심은 진리를 믿지 않고 불의를 좋아하는 모든 자들로 하여금 심판을 받게 하려 하심이라(살후 2:9~12)

따라서 성도들은 흔들리지 말고, 배운 말씀을 기초로 믿음의 전통에 굳게 서야 한다.

그러므로 형제들아 굳건하게 서서 말로나 우리의 편지로 가르침을 받은 전통을 지키라(살후 2:15)

✛ 정리하기

주님 오실 날을 고대하며, 미혹되지 말고, 부지런히 하나님나라를 위하여 일하라.

목회에 대한
지침

〈디모데전서〉 3:15
만일 내가 지체하면 너로 하여금 하나님의 집에서 어떻게 행하여야 할지를 알게 하려 함이니 이 집은 살아 계신 하나님의 교회요 진리의 기둥과 터니라

Note

✚ 통으로 보기

1	2	3	4	5	6
바른교훈	남자여자	감독집사	경건훈련	성도치리	부탁한것

☐ 목회에 대한 지침(1~6장)

✚ 들여다보기

1. 에베소에 파송된 사랑하는 제자 디모데

디모데는 유대인 어머니와 헬라인 아버지 사이에서 태어났다. 그는 갈라디아의 루스드라에서 살았다. 바울이 2차 선교여행 중에 루스드라에 들렀을 때 그를 만나게 되었는데, 그는 이미 함께 선교여행에 동참할

만큼 성숙한 신앙인으로 성장해 있었다.

> 바울이 더베와 루스드라에도 이르매 거기 디모데라 하는 제자가 있으니 그 어머니는 믿는 유대 여자요 아버지는 헬라인이라 디모데는 루스드라와 이고니온에 있는 형제들에게 칭찬 받는 자니(행 16:1~2)

디모데는 이미 복음을 받아들였는데, 할머니와 어머니의 영향 덕분에 신앙이 빠르게 성장했던 것으로 보인다.

> 이는 네 속에 거짓이 없는 믿음이 있음을 생각함이라 이 믿음은 먼저 네 외조모 로이스와 네 어머니 유니게 속에 있더니 네 속에도 있는 줄을 확신하노라(딤후 1:5)

디모데는 바울이 가장 사랑하는 제자이자, 가장 중요한 목회지에 파송했던 동역자이기도 하다. 그는 바울과 2차 선교여행을 함께하면서, 바울 대신에 복음을 전하기도 했다.

> 데살로니가에 있는 유대인들은 바울이 하나님의 말씀을 베뢰아에서도 전하는 줄을 알고 거기도 가서 무리를 움직여 소동하게 하거늘 형제들이 곧 바울을 내보내어 바다까지 가게 하되 실라와 디모데는 아직 거기 머물더라 바울을 인도하는 사람들이 그를 데리고 아덴까지 이르러 그에게서 실라와 디모데를 자기에게로 속히 오게 하라는 명령을 받고 떠나니라(행 17:13~15)

이 일이 있은 후에 바울이 마게도냐와 아가야를 거쳐 예루살렘에 가기로 작정하여 이르되 내가 거기 갔다가 후에 로마도 보아야 하리라 하고 자기를 돕는 사람 중에서 디모데와 에라스도 두 사람을 마게도냐로 보내고 자기는 아시아에 얼마 동안 더 있으니라(행 19:21~22)

또한 바울이 갈 수 없는 곳에 소식을 들고 찾아가 믿음을 굳게 하였다.

디모데가 이르거든 너희는 조심하여 그로 두려움이 없이 너희 가운데 있게 하라 이는 그도 나와 같이 주의 일을 힘쓰는 자임이라(고전 16:10)

이러므로 우리가 참다 못하여 우리만 아덴에 머물기를 좋게 생각하고 우리 형제 곧 그리스도의 복음을 전하는 하나님의 일꾼인 디모데를 보내노니 이는 너희를 굳건하게 하고 너희 믿음에 대하여 위로함으로 아무도 이 여러 환난 중에 흔들리지 않게 하려 함이라 우리가 이것을 위하여 세움 받은 줄을 너희가 친히 알리라(살전 3:1~3)

그는 에베소교회의 감독(목회자)으로 파송되어 허탄한 가르침에 빠져 있는 성도들을 훈련시키며 교회를 세워갔다.

내가 마게도냐로 갈 때에 너를 권하여 에베소에 머물라 한 것은 어떤 사람들을 명하여 다른 교훈을 가르치지 말며 신화와 끝없는 족보에 몰두하지 말게 하려 함이라(딤전 1:3~4a)

바울은 에베소교회에서 목회하고 있는 디모데에게 목회에 관한 여러 가지 중요한 지침을 전달하기 위해 〈디모데전서〉와 〈디모데후서〉를 기록했다. 하나님나라를 확장하기 위해 주님이 세우신 교회의 목회를 위한 지침은 교회시대에 가장 중요한 말씀이라고 해도 과언이 아닐 것이다.

바울이 〈디모데전서〉를 기록할 당시에는 로마에 수감되었다가(A.D. 59~62년) 풀려나 다시 자유의 몸으로 활동할 때였다(A.D. 65년경). 〈디모데전·후서〉와 〈디도서〉는 목회에 관한 다양한 지침이 담겨 있어 목회서신이라고 부른다. 바울은 〈디모데전서〉를 통해 교회에서 당면하는 문제를 해결하는 지침을 제시한다. 그리고 성도들의 개인적 삶에 대해서도 교훈한다. 물론 디모데를 위한 개인적인 조언도 아끼지 않는다. 우리는 이 책을 비롯하여 〈디모데후서〉와 〈디도서〉에서 오늘날 하나님의 나라, 교회를 위한 많은 실제적 지침을 얻을 수 있다.

2. 내용요약

바울은 간단히 인사하고(딤전 1:1~2), 많은 거짓 교사에게 흔들리지 말고 하나님의 말씀 위에 굳건히 서서 사역할 것을 권면한다(1장). 그리고 남자와 여자의 교회생활(2장), 교회의 직분(3장), 믿음에서 벗어난 성도들에 대한 양육과 처신(4장), 교회의 여러 성도들과의 관계와 목회윤리(딤전 5:1~6:2), 마지막으로 말씀에 입각한 경건과 믿음의 선한 싸움을 권면하고(딤전 6:3~16), 부자들을 어떻게 가르칠 것인지 당부하며 편지를 마친다(딤전 6:17~21).

3. 핵심구절로 본 〈디모데전서〉

바울이 디모데를 에베소에 파송한 것은 바로 로마제국의 번성한 도시였던 에베소에 만연해 있는 헛된 세상의 가르침과 이단적 요소들을 끊고 건전한 복음을 전하게 하기 위함이었다.

내가 마게도냐로 갈 때에 너를 권하여 에베소에 머물라 한 것은 어떤 사람들을 명하여 다른 교훈을 가르치지 말며(딤전 1:3)

디모데야 망령되고 헛된 말과 거짓된 지식의 반론을 피함으로 네게 부탁한 것을 지키라 이것을 따르는 사람들이 있어 믿음에서 벗어났느니라 은혜가 너희와 함께 있을지어다(딤전 6:20~21)

먼저 〈디모데전서〉는 바른 말씀에 입각하여 헛된 가르침을 이기라고 전한다. 〈디모데전서〉에서 경계하는 이단적 요소들은 육을 악한 것으로 치부하는 영지주의, 유대인들의 영향을 받은 율법주의, 물질적 탐욕 등이다.

혼인을 금하고 어떤 음식물은 먹지 말라고 할 터이나 음식물은 하나님이 지으신 바니 믿는 자들과 진리를 아는 자들이 감사함으로 받을 것이니라(딤전 4:3)

율법의 선생이 되려 하나 자기가 말하는 것이나 자기가 확증하는 것도 깨닫지 못하는도다 그러나 율법은 사람이 그것을 적법하게만 쓰면 선한 것임을 우리는 아노라(딤전 1:7~8)

부하려 하는 자들은 시험과 올무와 여러 가지 어리석고 해로운 욕심에 떨어지나니 곧 사람으로 파멸과 멸망에 빠지게 하는 것이라 돈을 사랑함이 일만 악의 뿌리가 되나니 이것을 탐내는 자들은 미혹을 받아 믿음에서 떠나 많은 근심으로써 자기를 찔렀도다(딤전 6:9~10)

진정한 기독교는 바른 말씀의 가르침에 입각하여 건강한 영과 건강한 육체로 하나님과 이웃을 사랑하며 삶 속에서의 경건을 추구하는 것이다.

네가 이것으로 형제를 깨우치면 그리스도 예수의 좋은 일꾼이 되어 믿음의 말씀과 네가 따르는 좋은 교훈으로 양육을 받으리라(딤전 4:6)

다음으로 바울은 목회자로서의 디모데가 삶의 모범을 보이도록 자신을 훈련하라고 가르친다. 바울은 디모데에게 경건에 이르도록 자신을 연단하라고 가르친다.

망령되고 허탄한 신화를 버리고 경건에 이르도록 네 자신을 연단하라(딤전 4:7)

하나님의 사명을 감당하는 지도자는 더욱 하나님의 말씀으로 믿음과 선한 양심을 훈련해야 한다.

아들 디모데야 내가 네게 이 교훈으로써 명하노니 전에 너를 지도한 예언을 따라 그것으로 선한 싸움을 싸우며 믿음과 착한 양심을 가지라(딤전 1:18~19a)

그렇게 훈련되어 믿지 않는 자들에게도 선한 증거를 받는 영적 지도자가 되어야 한다.

> 또한 외인에게서도 선한 증거를 얻은 자라야 할지니 비방과 마귀의 올무에 빠질까 염려하라(딤전 3:7)
>
> 누구든지 네 연소함을 업신여기지 못하게 하고 오직 말과 행실과 사랑과 믿음과 정절에 있어서 믿는 자에게 본이 되어 내가 이를 때까지 읽는 것과 권하는 것과 가르치는 것에 전념하라 …… 이 모든 일에 전심 전력하여 너의 성숙함을 모든 사람에게 나타나게 하라 네가 네 자신과 가르침을 살펴 이 일을 계속하라 이것을 행함으로 네 자신과 네게 듣는 자를 구원하리라(딤전 4:12~16)

교회의 직분자들은 말씀과 기도로 자신을 훈련하여 삶의 모범을 보일 때 하나님나라에 이바지하게 된다.

> 하나님의 말씀과 기도로 거룩하여짐이라(딤전 4:5)

마지막으로 바울은 디모데에게 교회 공동체를 지도할 때 필요한 지침들을 전달한다. 교회에서는 바른 복음적 가르침이 전파되어야 한다.

> 디모데야 망령되고 헛된 말과 거짓된 지식의 반론을 피함으로 네게 부탁한 것을 지키라(딤전 6:20)

성도들 중 남자들은 교회에서 분노와 다툼 없이 기도하는 일에 힘쓰도록 가르쳐야 한다.

Note

> 그러므로 각처에서 남자들이 분노와 다툼이 없이 거룩한 손을 들어 기도하기를 원하노라(딤전 2:8)

여성은 사치를 피하고 선행으로 자신을 단장하도록 훈련해야 한다.

> 또 이와 같이 여자들도 단정하게 옷을 입으며 소박함과 정절로써 자기를 단장하고 땋은 머리와 금이나 진주나 값진 옷으로 하지 말고 오직 선행으로 하기를 원하노라 이것이 하나님을 경외한다 하는 자들에게 마땅한 것이니라(딤전 2:9~10)

교회는 조직체이므로 목회자와 섬기는 직분자를 합당한 기준으로 세워 유익하게 다스려야 한다.

> 이와 같이 집사들도 정중하고 일구이언을 하지 아니하고 술에 인박히지 아니하고 더러운 이를 탐하지 아니하고 깨끗한 양심에 믿음의 비밀을 가진 자라야 할지니(딤전 3:8~9)

교회에서 목회자는 성도들을 가족을 대하듯 정결한 사랑으로 대해야 한다.

늙은이를 꾸짖지 말고 권하되 아버지에게 하듯 하며 젊은이에게는 형제에게 하듯 하고 늙은 여자에게는 어머니에게 하듯 하며 젊은 여자에게는 온전히 깨끗함으로 자매에게 하듯 하라(딤전 5:1~2)

어려운 상황에 있는 참 과부를 존대해야 한다.

참 과부인 과부를 존대하라 만일 어떤 과부에게 자녀나 손자들이 있거든 그들로 먼저 자기 집에서 효를 행하여 부모에게 보답하기를 배우게 하라 이것이 하나님 앞에 받으실 만한 것이니라 참 과부로서 외로운 자는 하나님께 소망을 두어 주야로 항상 간구와 기도를 하거니와 ……만일 믿는 여자에게 과부 친척이 있거든 자기가 도와 주고 교회가 짐지지 않게 하라 이는 참 과부를 도와 주게 하려 함이라(딤전 5:3~16)

말씀을 가르치는 목회자들을 합당하게 존경해야 한다.

잘 다스리는 장로들은 배나 존경할 자로 알되 말씀과 가르침에 수고하는 이들에게는 더욱 그리할 것이니라(딤전 5:17)

하나님이 세우신 교회 공동체를 섬기려면 늘 진리의 말씀에 충만하여 놀라운 지혜로 무장되어야 한다.

내가 속히 네게 가기를 바라나 이것을 네게 쓰는 것은 만일 내가 지체하면 너로 하여금 하나님의 집에서 어떻게 행하여야 할지를 알게 하

려 함이니 이 집은 살아 계신 하나님의 교회요 진리의 기둥과 터니라 (딤전 3:14~15)

아무에게나 경솔히 안수하지 말고 다른 사람의 죄에 간섭하지 말며 네 자신을 지켜 정결하게 하라(딤전 5:22)

✛ 정리하기

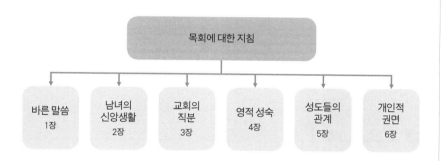

교회는 바른 말씀에 서서 모든 면에 지혜롭고 바르게 사역해야 한다.

바울 서신

16

디모데후서

유언적 목회지침

<디모데후서> 2:15
너는 진리의 말씀을 옳게 분별하며 부끄러울 것이 없는 일꾼으로 인정된 자로 자신을 하나님 앞에
드리기를 힘쓰라

✚ 통으로 보기

1	2	3	4
복음고난	좋은병사	말세성경	말씀전파

☐ 유언적 목회지침(1~4장)

✚ 들여다보기

1. 에베소에 파송된 사랑하는 제자 디모데

바울이 <디모데전서>를 기록할 당시에는 로마에 수감되었다가(A.D.
59~62년) 풀려나 다시 자유의 몸으로 활동할 때였다(A.D. 65년경). 그
후 바울은 다시 로마로 돌아왔으며, 복음을 전하다가 투옥되었다(A.D.

67~68년경). 〈디모데후서〉는 〈사도행전〉에 기록된 바울의 첫 번째 투옥 이후 바울이 로마에서 두 번째 투옥되었을 때 기록한 마지막 서신이다. 바울은 이 서신에서 자신의 삶을 회고하며, 제자 디모데에게 진심으로 개인적이고 목회적으로 권면한다.

2. 내용요약

바울은 간단하게 인사한 이후(딤후 1:1~2), 복음과 함께 고난을 받으며 자신이 부탁한 사명을 아름답게 이어갈 것을 권면한다(딤후 1:3~18). 바울은 계속해서 예수의 좋은 병사로, 부끄러울 것이 없는 일꾼으로 인정된 자로, 귀한 그릇으로 자신을 드릴 것을 요청한다(2장). 바울은 앞으로 일어날 말세의 징조들에 대해 말하면서, 흔들리지 말고 하나님의 말씀을 전하라고 재차 권면한다(딤후 3:1~4:8). 바울은 이례적으로 자신에게 속히 오라는 부탁을 하면서 편지를 마무리한다(딤후 4:9~22).

3. 핵심구절로 본 〈디모데후서〉

바울은 평생을 그리스도를 위해 헌신하다가 이제 감옥에서 죽음을 목전에 두고 에베소에 있는 디모데에게 마지막 편지를 썼다. 이 편지에는 디모데에게 당부하는 내용과 더불어 인생의 마지막 편지답게 자신의 삶을 돌아보는 소회와 천국을 향한 기대가 들어 있다.

> 전제‡와 같이 내가 벌써 부어지고 나의 떠날 시각이 가까웠도다 나는 선한 싸움을 싸우고 나의 달려갈 길을 마치고 믿음을 지켰으니 이제 후로는 나를 위하여 의의 면류관이 예비되었으므로(딤후 4:6~8a)

✚ **전제**
구약시대의 제사방법 중 하나로서, 제물을 불사르기 전에 그 위에 피를 상징하는 포도주를 붓는 의식을 말한다(출 30:9; 레 23:13). 신약에서 바울은 성도들을 위해 '자신의 생명까지도 기꺼이 바치겠다'는 의미로 이 단어를 사용하였다(딤후 4:6, 빌 2:17).

바울이 마지막까지 디모데에게 부탁한 것은 어떠한 일이 있어도 끝까지 사명을 다하라는 것이다.

하나님이 우리에게 주신 것은 두려워하는 마음이 아니요 오직 능력과 사랑과 절제하는 마음이니 그러므로 너는 내가 우리 주를 증언함과 또는 주를 위하여 갇힌 자 된 나를 부끄러워하지 말고 오직 하나님의 능력을 따라 복음과 함께 고난을 받으라(딤후 1:7~8)

너는 그리스도 예수의 좋은 병사로 나와 함께 고난을 받으라(딤후 2:3)

그러나 너는 모든 일에 신중하여 고난을 받으며 전도자의 일을 하며 네 직무를 다하라(딤후 4:5)

바울이 디모데에게 끝까지 복음의 사명을 다하며 자신에게 오라고 부탁한 것은 수많은 사람이 복음을 흩어지게 하고 거짓을 유포했으며, 바울을 떠나 세상으로 갔기 때문이다.

아시아에 있는 모든 사람이 나를 버린 이 일을 네가 아나니 그 중에는 부겔로와 허모게네도 있느니라(딤후 1:15)

또한 잘못된 교리와 사상으로 복음을 흐리는 자들도 많았다. 그중에는 후메내오와 빌레도가 있다.

그들은 경건하지 아니함에 점점 나아가나니 그들의 말은 악성 종양이 퍼져나감과 같은데 그 중에 후메내오와 빌레도가 있느니라 진리에 관하여는 그들이 그릇되었도다 부활이 이미 지나갔다 함으로 어떤 사람들의 믿음을 무너뜨리느니라(딤후 2:16a~18)

말세에는 복음에 순종하지 않고, 자신들의 욕심과 필요를 채워 주는 거짓 목회자를 따르는 자가 많아 사역이 힘들어질 수도 있다.

때가 이르리니 사람이 바른 교훈을 받지 아니하며 귀가 가려워서 자기의 사욕을 따를 스승을 많이 두고 또 그 귀를 진리에서 돌이켜 허탄한 이야기를 따르리라(딤후 4:3~4)

바울 주위에는, 세상이 좋아 돈을 따라, 쾌락을 따라 복음사역을 버리는 사역자도 많이 있었다.

데마는 이 세상을 사랑하여 나를 버리고 데살로니가로 갔고 그레스게는 갈라디아로, 디도는 달마디아로 갔고(딤후 4:10)

심지어 사역을 방해하고 핍박하는 자들도 있었다.

구리 세공업자 알렉산더가 내게 해를 많이 입혔으매 주께서 그 행한 대로 그에게 갚으시리니 너도 그를 주의하라 그가 우리 말을 심히 대적하였느니라(딤후 4:14~15)

주님의 복음을 맡아 사역하는 것은 이처럼 유혹과 핍박의 요소가 많다. 따라서 바울은 인생의 끝자락에 서서 자신의 사명이 신실하게 사역을 감당하는 디모데에 의해 계속되기를 간절히 소망했고, 계속된 배신과 박해에 처한 상황에서 위로의 교제를 간절히 원했다. 바울은 가장 간절하고 절실한 심경이 담긴 이 편지를 통해 자신의 소망을 이루었을 것이다.

✚ 정리하기

마지막까지 복음의 길을 달려가라.

목회지침

바울 서신

17
디도서

〈디도서〉 1:5
내가 너를 그레데에 남겨 둔 이유는 남은 일을 정리하고 내가 명한 대로
각 성에 장로들을 세우게 하려 함이니

✚ 통으로 보기

1	2	3
그레데	성도양육	강한권면

☐ 목회지침(1~3장)

✚ 들여다보기

1. 선교의 열매, 이방인 디도

디도는 〈사도행전〉에 언급되지 않았지만, 바울의 핵심 동역자 중 한
사람이었던 것이 확실하다.

디도로 말하면 나의 동료요 너희를 위한 나의 동역자요 우리 형제들로 말하면 여러 교회의 사자들이요 그리스도의 영광이니라(고후 8:23)

그는 대표적인 비유대인 회심자였고, 할례를 받지 않아도 오직 예수를 믿음으로 구원받을 수 있다는 진리를 증거하는 대표적인 인물이 되었다.

그러나 나와 함께 있는 헬라인 디도까지도 억지로 할례를 받게 하지 아니하였으니 이는 가만히 들어온 거짓 형제들 때문이라 …… 이는 복음의 진리가 항상 너희 가운데 있게 하려 함이라(갈 2:3~5)

디도가 언제 어디서 바울을 만나 합류하게 되었는지 정확히 기록되어 있지 않다. 하지만 바울이 1차 선교여행이 끝난 후에 예루살렘 공의회에 올라갈 때 디도와 함께 갔다고 본다면, 디도는 바울의 1차 선교여행의 열매였다고 짐작해 볼 수 있다. 바울은 할례받지 않은 비유대인으로 예수를 진실하게 믿은 디도를 데리고 예루살렘으로 가서 할례와 율법의 준수를 구원의 조건으로 내걸던 유대인들의 잘못된 주장을 일축했던 것이다. 결국 예루살렘에 모인 사도들과 장로들은 회의를 거쳐 베드로가 말한 결론에 이르게 된다.

그러나 우리는 그들이 우리와 동일하게 주 예수의 은혜로 구원 받는 줄을 믿노라 하니라(행 15:11)

디도는 디모데보다도 먼저 바울의 제자가 되었다. 바울이 처음 디도를 만났을 때, 그는 평범한 사람이었을 것이다. 하지만 그는 점점 사역자로 성숙해 갔으며, 바울 대신 교회들이 처한 문제들을 해결하는 사역을 감당했다. 특히 고린도교회에서 디도의 역할은 지대했다.

> 이로 말미암아 우리가 위로를 받았고 우리가 받은 위로 위에 디도의 기쁨으로 우리가 더욱 많이 기뻐함은 그의 마음이 너희 무리로 말미암아 안심함을 얻었음이라 …… 그가 너희 모든 사람들이 두려움과 떪으로 자기를 영접하여 순종한 것을 생각하고 너희를 향하여 그의 심정이 더욱 깊었으니 내가 범사에 너희를 신뢰하게 된 것을 기뻐하노라(고후 7:13~16)

> 내가 디도를 권하고 함께 한 형제를 보내었으니 디도가 너희의 이득을 취하더냐 우리가 동일한 성령으로 행하지 아니하더냐 동일한 보조로 하지 아니하더냐(고후 12:18)

디도는 헌신되고 진실한 사역자였던 것이다.

이렇게 바울을 도와 사역을 감당하던 디도는 바울이 로마에서의 투옥생활(A.D.59~62)을 끝내고, 자유의 몸이 되었을 때 함께 그레데† 섬으로 선교여행을 떠나 함께 사역했다. 그레데는 복음이 전파되던 초기에 복음을 듣게 된 지역 중 하나였다.

> 그레데인과 아라비아인들이라 우리가 다 우리의 각 언어로 하나님의 큰 일을 말함을 듣는도다 하고(행 2:11)

✝ 그레데
지중해 남쪽에 위치한 섬으로 무역의 중심지였으며, 일찍부터 문명(미노아 문명)이 발달했다. 구약에서 '갑돌'이라고 불렸다. 신약에서 바울이 로마로 압송될 때 머물렀던 곳이며, 후에 바울의 제자 디도가 이곳에서 사역을 감당하였다.

하지만 그레데는 크게 복음화되지 못했다. 바울은 디도를 그레데에 남겨 두어 사역하게 했다. 후에 바울은 다른 지역에서 사역하면서(아마도 마게도냐 지역) 그레데에 있는 디도에게 〈디도서〉를 보내, 직분자들을 세우는 사역과 바른 교훈의 말씀을 가르치는 사역을 통해 교회를 든든하게 했다.

내가 너를 그레데에 남겨 둔 이유는 남은 일을 정리하고 내가 명한 대로 각 성에 장로들을 세우게 하려 함이니(딛 1:5)
오직 너는 바른 교훈에 합당한 것을 말하여(딛 2:1)

그리고 자신과 함께 마게도냐 서쪽 니고볼리에서 다시 만나 함께 사역할 계획을 전달하고 있다.

내가 아데마나 두기고를 네가 보내리니 그 때에 네가 급히 니고볼리로 내게 오라(딛 3:12)

디도는 니고볼리에서 바울을 만나 사역을 함께하다가, 바울이 두 번째 로마에 투옥되어 있을 당시 달마디아(구 유고 연방지역)에서도 사역을 감당했다.

데마는 이 세상을 사랑하여 나를 버리고 데살로니가로 갔고 그레스게는 갈라디아로, 디도는 달마디아로 갔고(딤후 4:10)

바울은 니고볼리의 사역 이후 동역자들을 각 지역으로 파송하고, 누가만 데리고 로마에 투옥된 것으로 보인다. 바울은 로마에서 죽임을 당했지만(A.D. 68년), 디도는 바울이 계속하고자 했던 사역을 달마디아에서 감당했다. 디도는 바울의 진정한 제자이자, 믿음직한 동역자로 바울의 사후에도 왕성하게 복음사역을 감당했던 것이다.

2. 내용요약

바울은 그레데에 남겨 둔 이유를 설명하며(1장), 〈디모데전서〉와 같이 교회의 직분자에 대한 지침(1장)과 다양한 성도에 대한 대처방안과 사역에 필요한 여러 교훈(2~3장)을 전하고 있다.

3. 핵심구절로 본 〈디도서〉

바울은 디도를 그레데에 남겨 두었다. 그레데 사람들은 일찍이 복음을 들었지만, 게으르고 거짓말을 많이 하는 사람들이었다.

> 그레데인 중의 어떤 선지자가 말하되 그레데인들은 항상 거짓말쟁이며 악한 짐승이며 배만 위하는 게으름뱅이라 하니(딛 1:12)

따라서 복음이 삶의 변화로 이어지지 못하고, 교회가 어려움을 겪고 있었다. 게다가 다양한 거짓 교훈이 그레데교회를 괴롭히고 있었다.

> 불순종하고 헛된 말을 하며 속이는 자가 많은 중 할례파 가운데 특히 그러하니 그들의 입을 막을 것이라 이런 자들이 더러운 이득을 취

하려고 마땅하지 아니한 것을 가르쳐 가정들을 온통 무너뜨리는도다 …… 그러므로 네가 그들을 엄히 꾸짖으라 이는 그들로 하여금 믿음을 온전하게 하고 유대인의 허탄한 이야기와 진리를 배반하는 사람들의 명령을 따르지 않게 하려 함이라 …… (딛 1:10~16)

이에 바울은 디도를 통해 교회의 지도자들을 세워 성도들을 다스리게 했다.

각 성에 장로들을 세우게 하려 함이니 …… 바른 교훈으로 권면하고 거슬러 말하는 자들을 책망하게 하려 함이라(딛 1:5b~9)

목회의 핵심은 복음을 듣고 주님에게 나온 하나님의 백성이 하나님의 주권을 인정하며 하나님의 백성답게 살아가도록 가르치는 일이었다. 그것은 하나님에게 영광을 돌리는 것이며, 동시에 자신들의 삶에 하나님이 주실 언약적 축복을 누릴 수 있는 방편이었다. 따라서 바울은 디도에게 여러 성도를 하나님의 백성으로 잘 양육하도록 권면한다.

늙은 남자로는 절제하며 경건하며 신중하며 믿음과 사랑과 인내함에 온전하게 하고 늙은 여자로는 이와 같이 행실이 거룩하며 모함하지 말며 많은 술의 종이 되지 아니하며 선한 것을 가르치는 자들이 되고 그들로 젊은 여자들을 교훈하되 그 남편과 자녀를 사랑하며 신중하며 순전하며 집안일을 하며 선하며 자기 남편에게 복종하게 하라 이는 하나님의 말씀이 비방을 받지 않게 하려 함이라 너는 이와 같이 젊은 남

자들을 신중하도록 권면하되(딛 2:2~6)

성도들을 이렇게 양육하는 이유는 하나님이 예수 그리스도를 통해 그들을 하나님의 백성으로 만드신 목적을 잘 이루기 위함이다.

그가 우리를 대신하여 자신을 주심은 모든 불법에서 우리를 속량하시고 우리를 깨끗하게 하사 선한 일을 열심히 하는 자기 백성이 되게 하려 하심이라(딛 2:14)

목회의 목적도 결국 하나님의 백성을 이 땅에서 하나님의 영광을 위하여 살아가게 함으로써 하나님의 상속자로 하나님나라를 확장하게 하는 데 있다.

우리로 그의 은혜를 힘입어 의롭다 하심을 얻어 영생의 소망을 따라 상속자가 되게 하려 하심이라(딛 3:7)

그러기 위해 목회자들은 각종 이단들과 잘못된 가르침을 차단해야 한다.

이단에 속한 사람을 한두 번 훈계한 후에 멀리하라 이러한 사람은 네가 아는 바와 같이 부패하여 스스로 정죄한 자로서 죄를 짓느니라 (딛 3:10~11)

따라서 〈디도서〉에는 교회의 지도자들의 자격과 어떤 자들을 경계해야 하는지에 대한 목회적 지침이 들어 있다.

✚ 정리하기

그레데 사람들을 하나님의 백성으로 세워 가라.

복음의 적용과
사회변화

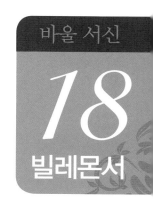

바울 서신
18
빌레몬서

〈빌레몬서〉1:10
갇힌 중에서 낳은 아들 오네시모를 위하여 네게 간구하노라

✚ 통으로 보기

1
오네시모

☐ 복음의 적용과 사회 변화

✚ 들여다보기

1. 도망친 노예까지 용서한 빌레몬

〈빌레몬서〉는 골로새교회의 주요한 인물 중 하나였던 빌레몬에게 보내는 편지이다.

Note

그리스도 예수를 위하여 갇힌 자 된 바울과 및 형제 디모데는 우리의 사랑을 받는 자요 동역자인 빌레몬과(몬 1:1)

바울은 1차로 로마감옥에 수감되어 있던 시기에(A.D. 59~62년) 빌레몬에게 이 편지를 썼다.

도리어 사랑으로써 간구하노라 나이가 많은 나 바울은 지금 또 예수 그리스도를 위하여 갇힌 자 되어(몬 1:9)

참고로 바울이 〈디모데후서〉를 기록할 때는 2차로 로마감옥에 수감되었을 때이다(A.D. 67~68년). 그 근거는 〈빌레몬서〉에서 동역자로 소개된 데마가 〈디모데후서〉에서는 세상을 사랑하여 떠났다고 되어 있기 때문이다.

데마는 이 세상을 사랑하여 나를 버리고 데살로니가로 갔고 그레스게는 갈라디아로, 디도는 달마디아로 갔고(딤후 4:10)
또한 나의 동역자 마가, 아리스다고, 데마, 누가가 문안하느니라(몬 1:24)

2. 내용요약

바울은 빌레몬에게서 도망친 노예 오네시모를 돌려보내며, 그를 그리스도 안에서 형제로 받아들일 것을 권면한다(1장).

3. 핵심구절로 본 〈빌레몬서〉

이 편지의 핵심적인 내용은 빌레몬의 종이었던 오네시모에 관한 것이다. 빌레몬은 골로새지역에서 노예를 소유하고 있었던 부유한 사람이었고 오네시모는 그에게 돈을 훔치거나 손해를 입히고 도망간 종이었다.

그가 만일 네게 불의를 하였거나 네게 빚진 것이 있으면 그것을 내 앞으로 계산하라(몬 1:18)

빌레몬은 사도 바울의 영향으로 그리스도인이 되어 자신의 집을 교회로 내어 줄 정도로 신실한 성도가 되었다.

자매 압비아와 우리와 함께 병사 된 아킵보와 네 집에 있는 교회에 편지하노니(몬 1:2)

도망한 오네시모는 로마에서 바울을 만나게 된다.

갇힌 중에서 낳은 아들 오네시모를 위하여 네게 간구하노라(몬 1:10)

복음 안에서 변화된 로마시대의 귀족과 종. 이 둘은 하나님의 은혜로 모든 인류가 주 안에서 형제가 될 수 있음을 보여 주는 놀라운 도전에 직면한다. 바울은 빌레몬에게 오네시모를 용서할 것과 동일한 인격으로 대우할 것을 요청한다.

아마 그가 잠시 떠나게 된 것은 너로 하여금 그를 영원히 두게 함이
리니 이후로는 종과 같이 대하지 아니하고 종 이상으로 곧 사랑 받는
형제로 둘 자라 내게 특별히 그러하거든 하물며 육신과 주 안에서 상
관된 네게랴 그러므로 네가 나를 동역자로 알진대 그를 영접하기를 내
게 하듯 하고(몬 1:15~17)

이것은 당시로는 상상할 수 없는 일이다. 복음이 할 수 있는 가장 극적
이고 놀라운 일 중 하나가 바로 이들의 화해인 것이다. 신앙의 측면에서
는 빌레몬이 오네시모를 용서하고 종이 아닌 형제로 받아들이는 것이
당연했다. 하지만 당시의 문화로 빌레몬이 오네시모를 받아들인다는
것은 말도 되지 않았다. 당시 로마제국 인구의 3분의 1은 노예였다. 노
예들은 어떤 사회적 지위도 보장받지 못했고, 주인에 따라 매우 불행한
삶을 살았다. 노예들은 해방의 가능성이 없을 때, 도주를 감행하기도 했
다. 도망쳤다가 붙잡힌 노예는 채찍을 맞고, 사슬을 차는 것은 물론이고
다리를 부러트리거나 죽이는 형벌을 받는 것이 당연했다. 하지만 바울
은 로마의 일반적인 관습을 버리고, 빌레몬이 오네시모를 용서하고 받
아줄 것을 요청했다.

〈빌레몬서〉는 기독교 신앙이 성도의 실제 생활을 어느 정도까지 새롭
게 변화시킬 수 있는지 보여 주는 중요한 실례이다. 로마제국에서 주인
이 도망친 노예를 용서하고 형제로 받아들일 수 있다면 믿음 안에 불가
능한 것이 없었을 것이다. 〈빌레몬서〉는 복음의 실제적 능력을 보여 주
는 아름다운 서신이다. 모두가 주 안에서 하나라는 선언이 실제로 교회
안에서 이루어졌음을 보여 주는 위대한 책이다.

너희는 유대인이나 헬라인이나 종이나 자유인이나 남자나 여자나
다 그리스도 예수 안에서 하나이니라(갈 3:28)

이 시대에도 성도를 하나 되지 못하게 하는 다양한 관습과 차별이 여
전히 우리 안에 있다. 빌레몬이 오네시모를 용서했듯, 모든 죄를 용서받
은 우리는 모두를 용서할 수 있다. 빌레몬이 오네시모를 형제로 받아들
였듯, 우리는 모든 차별을 이기고 모두를 형제로 받아들여 하나 될 수 있
다. 복음의 내용을 삶에서 실천하는 것은 우리 삶에 하나님나라를 이루
는 위대한 승리이다. 하나님의 백성은 이렇게 사회의 관습과 모든 죄악
을 이기고 삶의 현장에서 하나님의 주권을 인정하는 위대한 승리를 경
험한다.

✚ 정리하기

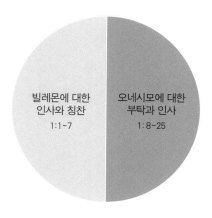

복음 안에서 종이었던 오네시모를 형제로 받아들이라.

영원하신 대제사장
예수

〈히브리서〉 12:1~2
모든 무거운 것과 얽매이기 쉬운 죄를 벗어 버리고 인내로써 우리 앞에 당한 경주를 하며 믿음의 주
요 또 온전하게 하시는 이인 예수를 바라보자

Note

✛ 통으로 보기

1	2	3	4	5	6	7	8	9	10
천사보다	구원자	모세보다	안식순종	대제사장	오래참음	멜기세덱	언약중보	둘째성소	완전구속

11	12	13
믿음으로	인내	선을행함

☐ 영원하신 대제사장 예수(1~13장)

✛ 들여다보기

1. 흔들리는 유대인 성도들에 대한 영적 권면, 〈히브리서〉

〈히브리서〉의 가장 오래된 사본은 익명으로 되어 있으며 저자를 밝

히지 않는다. 이 서신을 후대의 많은 사람이 바울에게 돌렸지만, 저자가 누구인지 정확히 규명하기란 불가능하다. 〈히브리서〉는 내용상 〈로마서〉처럼 교리적 가르침과 삶의 가르침이 분리되어 나타나고, 바울 서신과 끝부분의 인사가 유사하다.

> 우리 형제 디모데가 놓인 것을 너희가 알라 그가 속히 오면 내가 그와 함께 가서 너희를 보리라 너희를 인도하는 자들과 및 모든 성도들에게 문안하라 이달리야에서 온 자들도 너희에게 문안하느니라 은혜가 너희 모든 사람에게 있을지어다 (히 13:23~25)

하지만 첫 부분에 바울이 썼다고 언급하지 않았고 인사말도 없다. 끝부분의 인사말은 다른 일반 서신과 유사하다고 볼 수도 있다(벧전 5:12~14). 따라서 편지의 형식을 보고 〈히브리서〉를 바울의 저작이라고 단정할 수 없다.

〈히브리서〉의 저자는 유대인들에게 예수 그리스도가 어떤 분인지 전하기 위해 엄청나게 자주 구약을 인용하고 있는 것으로 보아 구약에 능통하고, 유창한 헬라어를 사용하는 유대인이며, 디모데를 잘 알고 있는 사도였다. 이 서신에 등장하는 엄청나게 많은 구약의 인용구절과 성전, 제사법, 구약의 제사장과 구약 인물들에 대한 언급을 볼 때, 수신자가 동료 유대인들이었을 것이라는 사실은 확실하다.

이 서신이 박해를 언급하고 있는데, 아마도 네로✝ 황제 때의 박해를 말하는 듯하다.

Note

〈베드로전서〉 5:12~14
내가 신실한 형제로 아는 실루아노로 말미암아 너희에게 간단히 써서 권하고 이것이 하나님의 참된 은혜임을 증언하노니 너희는 이 은혜에 굳게 서라 택하심을 함께 받은 바벨론에 있는 교회가 너희에게 문안하고 내 아들 마가도 그리하느니라 너희는 사랑의 입맞춤으로 서로 문안하라 그리스도 안에 있는 너희 모든 이에게 평강이 있을지어다

✝ 네로
로마의 5대 황제로서, A.D. 54~68년 로마를 통치했다. 집권 초기에 네로는 철학자 세네카와 근위대장 부루스의 가르침을 받아 선정을 베풀었다. 하지만 A.D. 59년 그가 어머니를 살해한 뒤 부루스가 죽고 세네카마저 은퇴하자, 악한 정치를 하게 되었다. 특히 A.D. 64년 로마의 대화재를 계기로 기독교인들을 극심하게 박해했다. 그러다가 A.D. 68년 군대의 반란으로 쫓겨나 31세의 나이로 스스로 목숨을 끊었다.

너희도 함께 갇힌 것 같이 갇힌 자를 생각하고 너희도 몸을 가졌은
즉 학대 받는 자를 생각하라(히 13:3)

또한 성전과 제사를 언급하면서도(9~10장) 예루살렘 성전의 멸망
(A.D. 70년)을 언급하지 않고 있는 것으로 보아 A.D. 60~70년 사이에
기록되었다고 보는 것이 좋은 것이다.

사실 이 책은 한 편의 논문과 같다. 신약성경 대부분의 책이 구약을 인
용하고 있지만, 〈히브리서〉와 같이 구약(칠십인경의 본문)을 많이 인용
하면서 예수 그리스도를 증거한 책은 없다. 당시 유대인들 중에 그리스
도인이 된 사람들과 유대인들의 영향을 받고 있는 그리스도인들은 종
종 다시 율법의 준수와 할례의 시행을 강조하는 유대교로 돌아가려는
경향을 보였다. 이렇게 기독교와 유대교 사이에서 방황하는 유대인 출
신 그리스도인들에게 이 서신은 매우 큰 의미를 가지고 있다.

2. 내용요약

〈히브리서〉는 구약의 성취이자 구약의 성전과 제사를 완성하신 그리
스도의 속죄 사역에 대하여 확증하고(1장~10:18) 그를 믿는 자들의 삶
에 대한 권면을 덧붙인 책이다(10:19~13장). 전반부는 구약의 옛 계시
와 천사(1~2장), 모세(3장), 여호수아(4장), 대제사장 아론과 멜기세덱
(5~7장) 등을 예수와 비교하며 예수만이 완전한 말씀이시고, 왕과 선지
자, 제사장으로서 구약의 모든 직분을 완성하신 우리의 대속자이심을
논증한다.

후반부는 우리의 구원자이신 예수 그리스도에 대한 믿음으로 하나님

나라를 바라보며 신실한 성도로 살아갈 것을 강조한다. 먼저 많은 믿음의 선조들의 예를 들어 믿음을 권면하고(11장), 예수 그리스도를 붙잡고 인내하여 선한 열매들을 맺을 것을 강조한다(12~13장).

3. 핵심구절로 본 〈히브리서〉

예수 그리스도는 하나님의 본체이시며, 천사와 비교할 수 없는 존재이시다.

> 이 모든 날 마지막에는 아들을 통하여 우리에게 말씀하셨으니 이 아들을 만유의 상속자로 세우시고 또 그로 말미암아 모든 세계를 지으셨느니라 이는 하나님의 영광의 광채시요 그 본체의 형상이시라 그의 능력의 말씀으로 만물을 붙드시며 죄를 정결하게 하는 일을 하시고 높은 곳에 계신 지극히 크신 이의 우편에 앉으셨느니라 그가 천사보다 훨씬 뛰어남은 그들보다 더욱 아름다운 이름을 기업으로 얻으심이니(히 1:2~4)

모세를 비롯하여 구약의 많은 인물이 있었지만, 예수는 본질적으로 그들과 다른 영원한 대제사장이시다.

> 그러므로 함께 하늘의 부르심을 받은 거룩한 형제들아 우리가 믿는 도리의 사도이시며 대제사장이신 예수를 깊이 생각하라 그는 자기를 세우신 이에게 신실하시기를 모세가 하나님의 온 집에서 한 것과 같이 하셨으니 그는 모세보다 더욱 영광을 받을 만한 것이 마치 집 지은 자

가 그 집보다 더욱 존귀함 같으니라(히 3:1~3)

예수는 구약의 모든 제사와 제사장의 수고로 이룰 수 없는 온전한 속죄를 이루신 참된 대제사장이시다. 예수는 하나님의 백성에게 주신 하나님의 언약의 보증이다. 그를 믿는 자는 완벽하게 하나님의 언약백성이 되는 것이다.

이와 같이 예수는 더 좋은 언약의 보증이 되셨느니라 제사장 된 그들의 수효가 많은 것은 죽음으로 말미암아 항상 있지 못함이로되 예수는 영원히 계시므로 그 제사장 직분도 갈리지 아니하느니라 그러므로 자기를 힘입어 하나님께 나아가는 자들을 온전히 구원하실 수 있으니 이는 그가 항상 살아 계셔서 그들을 위하여 간구하심이라(히 7:22~25)

예수는 모든 구약의 성전과 제사제도를 통해 하나님이 모형으로 보이신 속죄의 길을 십자가에서 완전히 완성하신 분이시다.

그리스도께서는 장래 좋은 일의 대제사장으로 오사 손으로 짓지 아니한 것 곧 이 창조에 속하지 아니한 더 크고 온전한 장막으로 말미암아 염소와 송아지의 피로 하지 아니하고 오직 자기의 피로 영원한 속죄를 이루사 단번에 성소에 들어가셨느니라(히 9:11~12)

이제 예수를 믿는 모든 하나님의 백성은 십자가의 보혈을 힘입어 하나님의 자녀가 되었다. 늘 하나님과 동행하며 교제할 수 있는 길이 십자가에서 열린 것이다.

> 그러므로 형제들아 우리가 예수의 피를 힘입어 성소에 들어갈 담력을 얻었나니 그 길은 우리를 위하여 휘장 가운데로 열어 놓으신 새로운 살 길이요 휘장은 곧 그의 육체니라(히 10:19~20)

이제 하나님의 백성은 신실한 믿음으로 하나님의 약속을 신뢰하며 믿음으로 살아가야 한다.

> 믿음은 바라는 것들의 실상이요 보이지 않는 것들의 증거니 선진들이 이로써 증거를 얻었느니라(히 11:1~2)

믿음으로 살아가는 하나님의 백성은 아벨, 에녹, 노아, 아브라함, 사라, 이삭, 야곱, 요셉, 모세 등과 같은 믿음의 선배들처럼 하나님나라를 이루며 영광스러운 삶을 살아갈 수 있다. 하나님의 백성은 삶의 모든 어려운 문제와 죄의 유혹을 이기고 승리하기 위해 예수를 바라보아야 한다.

> 이러므로 우리에게 구름 같이 둘러싼 허다한 증인들이 있으니 모든 무거운 것과 얽매이기 쉬운 죄를 벗어 버리고 인내로써 우리 앞에 당한 경주를 하며 믿음의 주요 또 온전하게 하시는 이인 예수를 바라보자 그는 그 앞에 있는 기쁨을 위하여 십자가를 참으사 부끄러움을 개의치 아니하시더니 하나님 보좌 우편에 앉으셨느니라(히 12:1~2)

그리고 형식적인 제사와 예배를 넘어서, 하나님의 말씀을 진정으로 실천하며 하나님의 주권을 삶에서 인정하는 진정한 삶의 제사를 드리며 살아야 한다.

> 오직 선을 행함과 서로 나누어 주기를 잊지 말라 하나님은 이같은 제사를 기뻐하시느니라(히 13:16)

✚ 정리하기

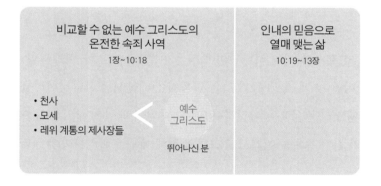

유대인들의 헛된 가르침에 흔들리지 말고, 예수 그리스도를 바라보며 신앙의 선배들을 따라 믿음의 열매를 맺으라.

행함으로 증명되는
믿음

〈야고보서〉 1:22
너희는 말씀을 행하는 자가 되고 듣기만 하여 자신을 속이는 자가 되지 말라

✚ 통으로 보기

1	2	3	4	5
인내행함	차별행함	말 선행	정욕비방	사치기도

☐ 행함으로 증명되는 믿음(1~5장)

✚ 들여다보기

1. 행함으로 증명되는 믿음, 〈야고보서〉

〈야고보서〉는 특별한 교회가 아니라 일반 그리스도인, 특히 박해로
흩어져 있는 디아스포라 유대인 그리스도인들에게 보낸 편지이다.

하나님과 주 예수 그리스도의 종 야고보는 흩어져 있는 열두 지파에게 문안하노라(약 1:1)

이 편지의 저자 야고보는 예수님의 동생이자 예루살렘교회의 지도자였다. 야고보는 예루살렘교회의 지도자로 구원의 진리를 확증한 예루살렘 공의회를 주도했고, 바울이 예루살렘에 오게 되었을 때 바울에게 사역을 보고받고 유대 그리스도인의 오해를 풀기 위해 바울을 권고하여 결례를 행하게 하였다.

말을 마치매 야고보가 대답하여 이르되 형제들아 내 말을 들으라 하나님이 처음으로 이방인 중에서 자기 이름을 위할 백성을 취하시려고 그들을 돌보신 것을 시므온이 말하였으니 선지자들의 말씀이 이와 일치하도다 …… (행 15:13~21)

예루살렘에 이르니 형제들이 우리를 기꺼이 영접하거늘 그 이튿날 바울이 우리와 함께 야고보에게로 들어가니 장로들도 다 있더라 …… 우리가 말하는 이대로 하라 서원한 네 사람이 우리에게 있으니 그들을 데리고 함께 결례를 행하고 그들을 위하여 비용을 내어 머리를 깎게 하라 그러면 모든 사람이 그대에 대하여 들은 것이 사실이 아니고 그대도 율법을 지켜 행하는 줄로 알 것이라 ……(행 21:17~26)

야고보는 예루살렘교회의 지도자로 유대인들 내에서 벌어지는 복음과 율법에 관한 모든 논쟁을 정리하고 구원의 진리를 확증하며, 유대인들의 오해를 풀어낸 매우 중요한 인물이었다.

야고보가 이 편지를 쓸 당시 박해로 인해 각지로 흩어진 그리스도인들은 여러 가지 박해에 직면하고 있었을 뿐 아니라, 하나님의 백성답지 못한 잘못된 행위로 교회를 더럽히는 삶을 살고 있었다. 교회 안에서 믿는 자들 중에 벌어지는 차별, 악한 언행, 세속적 죄악, 비방, 사치와 방종, 헛된 맹세의 문제들이 여전히 하나님의 백성 안에 남아 있었다. 이렇게 하나님의 주권이 인정되지 않는 삶에 늘 싸움과 다툼이 따라다녔다. 따라서 야고보 사도는 믿음에 합당한 삶, 즉 행위를 강조하는 서신을 쓰게 되었다. 〈야고보서〉에는 행함에 대한 강조가 계속되는데, 이는 행위가 구원의 도구라는 것이 아니라, 행위는 믿음의 증거이며, 하나님의 백성은 삶에서 하나님의 주권을 인정하며 말씀을 실천하는 성숙한 삶을 살아야 한다는 메시지를 전하는 것이다.

> 너희는 말씀을 행하는 자가 되고 듣기만 하여 자신을 속이는 자가 되지 말라 …… 하나님 아버지 앞에서 정결하고 더러움이 없는 경건은 곧 고아와 과부를 그 환난중에 돌보고 또 자기를 지켜 세속에 물들지 아니하는 그것이니라(약 1:22~27, 참고 약 2:14, 17, 22, 3:13, 4:17)

구약의 선지자들이나 신약의 서신서 저자들이나 동일하게 하나님의 백성이 하나님의 주권을 인정하며 삶의 모든 영역에서 하나님의 말씀을 지키며 살아야 한다는 것을 전했던 것이다.

만약 그리스도인들에게 행함이 없다면 무엇으로 보이지 않는 믿음을 증명하겠는가? 삶에 대한 강조는 어느 시대에나 꼭 필요하며, 믿음이 있는 사람이라면 반드시 받아야 할 요청인 것이다. 이것은 구약에서 제시된 하나님나라의 법칙이기도 하다. 하나님의 언약으로 하나님의 백성이 된 모든 성도는 하나님의 말씀에 순종함으로 하나님이 약속하신 언약적 축복을 누릴 수 있다.

2. 내용요약

야고보는 하나님의 백성은 말씀을 행하는 자가 되어야 하며, 행함으로 믿음을 증명할 수 있다는 것을 기초로 서신을 쓰고 있다(약 1:19~27, 2:14~26). 믿음은 행함으로 나타난다는 것을 기초로 하여 여러 가지 행함의 측면들을 다룬다. 먼저 시험을 이길 것에 대해 가르친다(약 1:2~18). 시련은 인격을 완성시키는 것이다. 하나님의 백성은 외적 조건으로 차별하면 안 된다(약 2:1~13). 혀를 잘 다스려야 한다(약 3:1~12). 하나님의 백성은 참된 지혜에서 나오는 선한 행위를 하도록 힘써야 한다(약 3:13~18). 탐욕과 이기심(약 4:1~3), 교만(약 4:5~10), 타인에 대한 비방(약 4:11~12), 허탄한 생각(약 4:13~17), 부자의 사치(약 5:1~6)는 악한 죄이다. 야고보는 마지막으로 인내와 서로를 향한 기도를 강조하며 서신을 마친다(약 5:7~20).

3. 핵심구절로 본 〈야고보서〉

하나님의 백성은 삶 속에서 하나님의 주권을 드러내야 한다. 하나님의 주권은 말씀을 듣기만 하는 것이 아니라 믿음으로 행할 때 인정되는 것이다.

너희는 말씀을 행하는 자가 되고 듣기만 하여 자신을 속이는 자가

되지 말라(약 1:22)

말씀을 믿음으로 행할 때 우리의 믿음은 진실한 것으로 증명된다.

영혼 없는 몸이 죽은 것 같이 행함이 없는 믿음은 죽은 것이니라(약 2:26)

하나님의 백성이 예수 그리스도를 구주로 믿게 되었다면, 이제 우리의 삶에 하나님이 주인이 되셔야 한다. 세상의 조건으로 사람을 차별하지 말고, 믿음으로 서로를 바라보아야 한다.

내 형제들아 영광의 주 곧 우리 주 예수 그리스도에 대한 믿음을 너희가 가졌으니 사람을 차별하여 대하지 말라(약 2:1)

공동체에 덕이 되지 못하는 말과 하나님에게 영광이 되지 못하는 언어생활을 끊어야 한다.

우리가 말들의 입에 재갈 물리는 것은 우리에게 순종하게 하려고 그 온 몸을 제어하는 것이라(약 3:3)

세상의 지식과 정의로 판단하지 말고, 참된 하나님의 지혜를 구해야 한다.

너희 중에 지혜와 총명이 있는 자가 누구냐 그는 선행으로 말미암아 지혜의 온유함으로 그 행함을 보일지니라(약 3:13)

세상적 정욕과 탐심을 버리고 하나님나라를 구해야 한다.

간음한 여인들아 세상과 벗된 것이 하나님과 원수 됨을 알지 못하느냐 그런즉 누구든지 세상과 벗이 되고자 하는 자는 스스로 하나님과 원수 되는 것이니라(약 4:4)

서로를 판단하고 정죄하는 습관을 버려야 한다.

형제들아 서로 비방하지 말라 형제를 비방하는 자나 형제를 판단하는 자는 곧 율법을 비방하고 율법을 판단하는 것이라 네가 만일 율법을 판단하면 율법의 준행자가 아니요 재판관이로다(약 4:11)

하나님의 백성은 세상의 쾌락을 위해 사치하는 것이 죄임을 분명히 깨달아야 한다.

들으라 부한 자들아 너희에게 임할 고생으로 말미암아 울고 통곡하라(약 5:1)

늘 심판하실 주님이 곧 다시 오실 것을 기억하며, 진실한 삶으로 하나님에게 영광을 돌려야 한다.

형제들아 서로 원망하지 말라 그리하여야 심판을 면하리라 보라 심판주가 문 밖에 서 계시니라(약 5:9)

하나님의 주권을 인정하고 새로운 삶을 살아가는 성도는 믿음의 결실을 맺는다.

✚ 정리하기

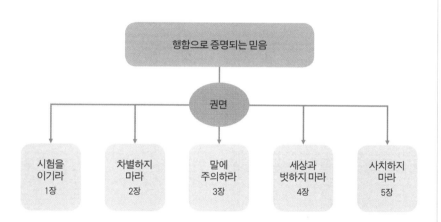

하나님의 백성은 행함으로 믿음을 증명한다. 행함은 하나님의 주권을 인정하며 살아가는 삶의 모습이다.

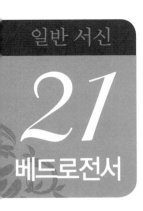

고난에 대한 대처
소망과 인내의 거룩한 삶

〈베드로전서〉 2:9
그러나 너희는 택하신 족속이요 왕 같은 제사장들이요 거룩한 나라요 그의 소유가 된 백성이니 이는 …… 아름다운 덕을 선포하게 하려 하심이라

Note

✚ 통으로 보기

1	2	3	4	5
거듭남	나그네삶	부부선행	고난참여	장로목양

☐ 고난에 대한 대처 – 소망과 인내의 거룩한 삶(1~5장)

✚ 들여다보기

1. 박해로 흩어진 영혼들을 향한 사랑, 〈베드로전서〉

〈베드로전서〉는 사도 베드로의 저작으로 본도, 갈라디아, 갑바도기아, 아시아와 비두니아에 있는 흩어진 그리스도인들에게 보낸 편지이다.

예수 그리스도의 사도 베드로는 본도, 갈라디아, 갑바도기아, 아시아와 비두니아에 흩어진 나그네(벧전 1:1)

Note

여기에 언급된 5개 지역은 현재 터키 지역으로 당시 로마에 소속된 다섯 개의 주였다. 베드로는 네로(A.D. 54~68년)에 의해 박해가 시작되었을 때(아마 A.D. 64년경), 로마로부터 오늘날의 터키 지역에 흩어진 성도들을 격려하기 위해 이 편지를 썼다.

사도 베드로는 너무나 잘 알려진 인물이다. 그는 형제 안드레를 통해 예수님을 만났다. 그는 갈릴리 어부 출신이었다. 그는 예수님의 열두 제자 중 가장 으뜸되는 제자로, 예수님의 영광스러운 모습을 변화산에서 미리 체험하기도 했다. 그는 십자가 앞에서 주님을 배신했지만, 결국 예수님의 예언대로 초대 예루살렘교회의 지도자가 되어서 복음사역에 힘썼다.

…… 베드로가 이르되 너희가 회개하여 각각 예수 그리스도의 이름으로 세례를 받고 죄 사함을 받으라 그리하면 성령의 선물을 받으리니 이 약속은 너희와 너희 자녀와 모든 먼 데 사람 곧 주 우리 하나님이 얼마든지 부르시는 자들에게 하신 것이라 하고 또 여러 말로 확증하며 권하여 이르되 너희가 이 패역한 세대에서 구원을 받으라 하니……(행 2:37~42)

베드로는 복음사역에 일생을 보내다가 A.D. 64년부터 시작된 네로 황제의 박해 기간 중에 십자가에 거꾸로 매달려 순교했다.

〈베드로전서〉에는 시험(벧전 1:6, 4:12), 고난(벧전 1:11, 2:19, 20, 21, 23, 3:14, 17, 4:1, 13, 15~16, 19, 5:1, 9, 10), 치욕(벧전 4:14) 등의 단어가 나타난다. 베드로는 이미 여러 가지 고난을 당하여 예루살렘에서 흩어진 많은 그리스도인이 앞으로 다가올 로마 황제에 의한 핍박에 대비하여 시험을 넉넉히 이길 수 있도록 믿음을 권면하고 있다.

2. 내용요약

하나님의 백성은 하나님의 말씀으로 예수 그리스도 안에서 구원을 얻었다(1장). 따라서 구원을 받은 자로서 부르심을 따라 거룩한 삶을 살아야 한다.

> 오직 너희를 부르신 거룩한 이처럼 너희도 모든 행실에 거룩한 자가 되라 기록되었으되 내가 거룩하니 너희도 거룩할지어다 하셨느니라
> (벧전 1:15~16)

〈베드로전서〉는 2장부터 거룩한 삶의 실제를 보여 주고 있다. 그리스도인들은 거룩한 제사장으로 하나님의 영광을 위해 살아가야 한다(벧전 2:1~10). 또한 선한 행동으로 말세에 하나님에게 영광을 돌려야 한다(벧전 2:11~12). 제도나 권위에 순종하되, 그로 인해 고난이 오더라도 인내해야 한다(벧전 2:13~25). 아내와 남편은 가정에서 정결한 행동으로 서로 순종해야 하고(벧전 3:1~7), 늘 형제를 사랑하고, 악을 악으로 갚지 말며, 선한 양심으로 행동하라고 가르친다(벧전 3:8~22). 하나님의 백성은 악한 삶의 모습을 그치고(벧전 4:1~6), 근신하여 기도하며 사랑하고

봉사해야 한다(벧전 4:7~11). 악한 일로 고난을 받지 않게 주의하며, 선한 일로 고난을 받으면 영광스럽게 여기며(벧전 4:13~19), 교회의 지도자들은 자원함으로 양 무리를 위하여 일하며(벧전 5:1~4), 젊은 자들은 겸손히 순종하며 늘 주님에게 모든 염려를 맡기고 마귀에 대적하는 삶을 살아야 한다(벧전 5:5~11). 〈베드로전서〉는 다가올 박해와 신앙의 방해요소를 극복하고 더욱 신실하고 아름다운 하나님백성의 모습으로 살아갈 것을 권면하는 서신이다.

3. 핵심구절로 본 〈베드로전서〉

〈베드로전서〉는 로마의 박해로 고통당하는 성도들을 위해 썼기 때문에 고난에 대한 가르침이 많이 나온다.

> 그러므로 너희가 이제 여러 가지 시험으로 말미암아 잠깐 근심하게 되지 않을 수 없으나 오히려 크게 기뻐하는도다 너희 믿음의 확실함은 불로 연단하여도 없어질 금보다 더 귀하여 예수 그리스도께서 나타나실 때에 칭찬과 영광과 존귀를 얻게 할 것이니라(벧전 1:6~7)

이 고난을 이겨 내기 위하여 하나님이 성도들을 어떻게 구원하셨는지 깨달아야 한다. 베드로는 하나님백성의 정체성을 강조한다. 그리스도인들은 예수 그리스도의 보혈로 구원을 받은 것이다.

> 오직 흠 없고 점 없는 어린 양 같은 그리스도의 보배로운 피로 된 것이니라(벧전 1:19)

하나님의 백성에게는 새로운 정체성이 부여된다.

> 그러나 너희는 택하신 족속이요 왕 같은 제사장들이요 거룩한 나라요 그의 소유가 된 백성이니 이는 너희를 어두운 데서 불러내어 그의 기이한 빛에 들어가게 하신 이의 아름다운 덕을 선포하게 하려 하심이라(벧전 2:9)

이러한 정체성 아래 하나님의 백성은 어떤 상황에서도 자신들을 구원하기 위하여 고난을 당하신 예수 그리스도를 따라 담대히 고난을 이겨 내고 믿음을 지켜야 한다.

> 이를 위하여 너희가 부르심을 받았으니 그리스도도 너희를 위하여 고난을 받으사 너희에게 본을 끼쳐 그 자취를 따라오게 하려 하셨느니라(벧전 2:21)

나아가 그리스도의 고난에 참여하는 것을 즐거워할 수 있는 믿음을 소유해야 한다.

> 오히려 너희가 그리스도의 고난에 참여하는 것으로 즐거워하라 이는 그의 영광을 나타내실 때에 너희로 즐거워하고 기뻐하게 하려 함이라(벧전 4:13)

만약 그리스도인들이 악한 죄로 인해 고통을 당하면 불행한 것이지만, 그리스도를 위하여 하나님나라를 위하여 고난을 당했다면 아름다운 것이다.

죄가 있어 매를 맞고 참으면 무슨 칭찬이 있으리요 그러나 선을 행함으로 고난을 받고 참으면 이는 하나님 앞에 아름다우니라(벧전 2:20)

하나님의 백성은 고난으로 믿음을 흔드는 사탄의 세력과 대적하여 이겨야 한다.

너희는 믿음을 굳건하게 하여 그를 대적하라 이는 세상에 있는 너희 형제들도 동일한 고난을 당하는 줄을 앎이라(벧전 5:9)

고난 가운데 인내하고 승리하는 성도는 죄를 이기고 정결한 삶의 인격을 소유하게 된다.

그리스도께서 이미 육체의 고난을 받으셨으니 너희도 같은 마음으로 갑옷을 삼으라 이는 육체의 고난을 받은 자는 죄를 그쳤음이니(벧전 4:1)

고난은 잠시 있다가 지나갈 것이다. 하나님은 잠시 고난을 당하는 그리스도인들을 더욱 온전하게 하시며 강하게 하실 것이기 때문이다.

모든 은혜의 하나님 곧 그리스도 안에서 너희를 부르사 자기의 영원한 영광에 들어가게 하신 이가 잠깐 고난을 당한 너희를 친히 온전하게 하시며 굳건하게 하시며 강하게 하시며 터를 견고하게 하시리라(벧전 5:10)

따라서 우리는 고난의 시기에도 흔들리지 말고 하나님의 영광을 돌리는 기회로 삼아야 할 것이다.

✚ 정리하기

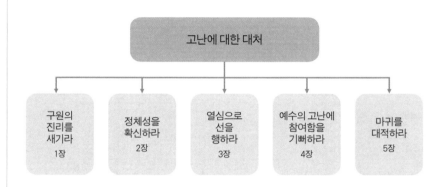

고난과 박해에 넘어지지 말고, 예수 그리스도를 바라보며 승리하라.

재림에 대한 소망
거룩한 삶

〈베드로후서〉 3:14
그러므로 사랑하는 자들아 너희가 이것을 바라보나니 주 앞에서 점도 없고 흠도 없이 평강 가운데
서 나타나기를 힘쓰라

✚ 통으로 보기

1	2	3
성경예언	거짓선생	주의 날

□ 재림에 대한 소망 – 거룩한 삶(1~3장)

✚ 들여다보기

1. 거짓 선생을 막기 위한 〈베드로후서〉

〈베드로후서〉는 친히 저자가 자신의 둘째 편지임을 밝히고 있다.

사랑하는 자들아 내가 이제 이 둘째 편지를 너희에게 쓰노니 이 두

Note

편지로 너희의 진실한 마음을 일깨워 생각나게 하여(벧후 3:1)

〈베드로후서〉는 저작 장소나 수신자를 밝히고 있지 않다. 베드로가 이 편지를 쓸 때, 그는 죽음을 목전에 두고 있었다.

　　이는 우리 주 예수 그리스도께서 내게 지시하신 것 같이 나도 나의 장막을 벗어날 것이 임박한 줄을 앎이라(벧후 1:14)

그는 믿음을 지키고 있는 모든 신앙인에게 이 편지를 남기고자 했다.

　　내가 힘써 너희로 하여금 내가 떠난 후에라도 어느 때나 이런 것을 생각나게 하려 하노라(벧후 1:15)

베드로가 이 편지를 쓸 때는 네로 황제의 박해기였던 A.D. 64~67년 사이였다. 그때 베드로는 이미 사도 바울의 많은 서신을 읽었고, 그 편지들이 놀라운 권위를 가지고 있음을 알았다.

　　우리가 사랑하는 형제 바울도 그 받은 지혜대로 너희에게 이같이 썼고 또 그 모든 편지에도 이런 일에 관하여 말하였으되(벧후 3:15b~16a)

베드로는 바울과 같이 이 서신으로 중요한 교훈을 남기고, 후대에도 믿음을 지키기 위해 쓰임받기를 소망했다.

2. 내용요약 및 핵심구절로 본 〈베드로후서〉

〈베드로후서〉는 이단적인 사상을 퍼뜨리는 많은 거짓 선지자에 대항하여 교회와 성도를 지키기 위해 기록되었다.

> 그러나 백성 가운데 또한 거짓 선지자들이 일어났었나니 이와 같이 너희 중에도 거짓 선생들이 있으리라 그들은 멸망하게 할 이단을 가만히 끌어들여 자기들을 사신 주를 부인하고 임박한 멸망을 스스로 취하는 자들이라(벧후 2:1)

그들은 〈민수기〉에 나오는 발람과 같이 성도들을 현혹하여 자신들의 이익을 취하는 이성 없는 짐승과 같은 자들이다.

> 그들이 탐심으로써 지어낸 말을 가지고 너희로 이득을 삼으니 그들의 심판은 옛적부터 지체하지 아니하며 그들의 멸망은 잠들지 아니하느니라(벧후 2:3)
> 그들이 바른 길을 떠나 미혹되어 브올의 아들 발람의 길을 따르는도다 그는 불의의 삯을 사랑하다가 자기의 불법으로 말미암아 책망을 받되 말하지 못하는 나귀가 사람의 소리로 말하여 이 선지자의 미친 행동을 저지하였느니라(벧후 2:15~16)

그들은 진리를 흐려 성도들을 죄악된 행동으로 빠트리고, 육체의 정욕을 따르도록 유혹한다.

그들이 허탄한 자랑의 말을 토하며 그릇되게 행하는 사람들에게서 겨우 피한 자들을 음란으로써 육체의 정욕 중에서 유혹하는도다(벧후 2:18)

그들의 중요한 특징은 세상의 명예와 물질을 자랑하여 성도들을 세상의 정욕에 빠지게 하며, 하나님의 말씀을 따라 정결하고 거룩한 생활을 하지 못하게 한다.

먼저 이것을 알지니 말세에 조롱하는 자들이 와서 자기의 정욕을 따라 행하며 조롱하여(벧후 3:3)

거짓 선생들의 주요한 경향은 그들이 주님의 재림을 무시하게 만들고 현세적인 욕망을 따르는 삶을 살아가게 만든다는 것이다.

이르되 주께서 강림하신다는 약속이 어디 있느냐 조상들이 잔 후로부터 만물이 처음 창조될 때와 같이 그냥 있다 하니 이는 하늘이 옛적부터 있는 것과 땅이 물에서 나와 물로 성립된 것도 하나님의 말씀으로 된 것을 그들이 일부러 잊으려 함이로다(벧후 3:4~5)

이에 대해 베드로는 확고한 대책을 제시한다. 하나님의 백성은 생명의 말씀을 통하여 진리 안에 굳게 서야 한다.

그러므로 너희가 이것을 알고 이미 있는 진리에 서 있으나 내가 항

상 너희에게 생각나게 하려 하노라(벧후 1:12)

또한 예수 그리스도께서 다시 오셔서 세상을 심판하실 것을 명심하며, 하나님나라를 바라보며, 이 세상에서 하나님의 주권을 세워 가며, 하나님나라를 확장하는 삶을 살아야 한다.

> 사랑하는 자들아 주께는 하루가 천 년 같고 천 년이 하루 같다는 이 한 가지를 잊지 말라 주의 약속은 어떤 이들이 더디다고 생각하는 것 같이 더딘 것이 아니라 오직 주께서는 너희를 대하여 오래 참으사 아무도 멸망하지 아니하고 다 회개하기에 이르기를 원하시느니라 …… 그 날에 하늘이 불에 타서 풀어지고 물질이 뜨거운 불에 녹아지려니와 우리는 그의 약속대로 의가 있는 곳인 새 하늘과 새 땅을 바라보도다 (벧후 3:8~13)

주님의 재림이 더뎌지는 것은 하나님이 더 많은 영혼을 하나님의 백성으로 삼기 위해 기회를 주시기 때문이다. 하나님의 백성은 주님을 고대하며 말씀으로 더욱 자신을 훈련하여 예수 그리스도를 아는 지식에서 자라 온전해질 것을 소망해야 한다.

> 그러므로 너희가 더욱 힘써 너희 믿음에 덕을, 덕에 지식을, 지식에 절제를, 절제에 인내를, 인내에 경건을, 경건에 형제 우애를, 형제 우애에 사랑을 더하라 이런 것이 너희에게 있어 흡족한즉 너희로 우리 주 예수 그리스도를 알기에 게으르지 않고 열매 없는 자가 되지 않게 하

려니와(벧후 1:5~8)

　그러므로 사랑하는 자들아 너희가 이것을 바라보나니 주 앞에서 점도 없고 흠도 없이 평강 가운데서 나타나기를 힘쓰라(벧후 3:14)

　오직 우리 주 곧 구주 예수 그리스도의 은혜와 그를 아는 지식에서 자라 가라 영광이 이제와 영원한 날까지 그에게 있을지어다(벧후 3:18)

그렇게 말씀에 서서 자신의 삶을 훈련할 때, 성도는 부르심과 택하심에 굳건히 서서 실족하지 않으며, 소망 가운데 천국의 영광을 누리게 된다.

　그러므로 형제들아 더욱 힘써 너희 부르심과 택하심을 굳게 하라 너희가 이것을 행한즉 언제든지 실족하지 아니하리라 이같이 하면 우리 주 곧 구주 예수 그리스도의 영원한 나라에 들어감을 넉넉히 너희에게 주시리라(벧후 1:10~11)

✝ 정리하기

방탕한 삶을 조장하는 거짓 선생들을 분별하고, 거룩한 삶을 살아 가라.

확실한
성경의 예언
1장

거짓 가르침에
대한 경고
2장~3장

하나님과 교제하는 삶

〈요한일서〉 5:3
하나님을 사랑하는 것은 이것이니 우리가 그의 계명들을 지키는 것이라 그의 계명들은 무거운 것이 아니로다

✚ 통으로 보기

Note

1 자백사함	2 계명행함	3 행함진실	4 분별사랑	5 사랑계명

☐ 하나님과 교제하는 삶(1~5장)

✚ 들여다보기

1. 영지주의에 대항한 〈요한일서〉

〈요한일서〉는 저자의 이름을 밝히지 않고 있다. 다만 자신이 예수를 직접 만났으며 만져 보았다는 사실을 말한다.

태초부터 있는 생명의 말씀에 관하여는 우리가 들은 바요 눈으로 본 바요 자세히 보고 우리의 손으로 만진 바라(요일 1:1)

하지만 우리는 〈요한일서〉가 〈요한복음〉과 매우 유사한 면을 가지고 있다는 것을 한눈에 알 수 있고, 저자를 요한으로 확신할 수 있다.

이 서신이 기록될 당시는 1세기 말로(A.D. 85~95년경) 이미 기독교 신앙이 50년 정도의 역사를 가지고 있을 때였다. 당시는 도미티안 황제 (A.D. 81~96년)가 로마를 다스리며, 기독교에 대한 박해가 극심했다. 또한 영지주의 등 이단들이 형태를 갖추어 가고 있었다. 이미 많은 사도가 순교한 상황에서 요한은 에베소에서 핍박과 이단의 가르침에 흔들리는 그리스도인들의 신앙을 위해 이 서신을 기록했다.

에베소에서 사역을 감당하고 있던 요한은 1세기 말 가장 마지막까지 살아남은 사도였다. 〈요한일서〉의 목적은 한때 교회 안에 있다가 이탈한 사람들이 플라톤의 이원론+을 기초로 하여 만들어 낸 이단사상인 영지주의에 대항하여 올바른 기독교 신앙을 가르치는 것이었다. 영지주의는 간단히 말하여 영과 육을 분리하는 이원론을 따라 영적인 지식(靈知)을 추구하는 이단이다. 영지주의는 영적인 지식만이 중요하다고 보았기 때문에, 실제의 삶과 육신의 행위가 부도덕하게 되는 결과를 초래했다. 그리고 육을 악한 것으로 치부하여 그리스도의 인성을 부인하는 오류에 빠졌다.

+ 이원론
플라톤 시대의 그리스인들은, 원래 인간의 영혼이 신적인 본성을 가졌는데 육체의 감옥에 갇히게 되면서 신성이 훼손되는 위기에 빠졌다는 믿음을 갖고 있었다. 이러한 배경에서 플라톤은 "육체는 악하고, 영혼은 선하다"는 이원론적 사고를 사상적으로 확립하였다. 플라톤의 이원론은 후에 초대교회의 대표적 이단이었던 영지주의의 바탕이 되었다.

거짓말하는 자가 누구냐 예수께서 그리스도이심을 부인하는 자가 아니냐 아버지와 아들을 부인하는 그가 적그리스도니 아들을 부인하

는 자에게는 또한 아버지가 없으되 아들을 시인하는 자에게는 아버지도 있느니라(요일 2:22~23)

따라서 요한은 영지주의의 유혹을 벗어나 참된 기독교 신앙을 가르치기 위해 육체로 오신 예수 그리스도를 강조한다.

태초부터 있는 생명의 말씀에 관하여는 우리가 들은 바요 눈으로 본 바요 자세히 보고 우리의 손으로 만진 바라 이 생명이 나타내신 바 된지라 이 영원한 생명을 우리가 보았고 증언하여 너희에게 전하노니 이는 아버지와 함께 계시다가 우리에게 나타내신 바 된 이시니라(요일 1:1~2)

우리를 위해 인간이 되시고 죽으신 예수 그리스도 앞에서 자신의 죄를 자백하여 죄사함을 받을 것을 강하게 명령한다.

만일 우리가 죄가 없다고 말하면 스스로 속이고 또 진리가 우리 속에 있지 아니할 것이요 만일 우리가 우리 죄를 자백하면 그는 미쁘시고 의로우사 우리 죄를 사하시며 우리를 모든 불의에서 깨끗하게 하실 것이요(요일 1:8~9)

또한 지식에 머무는 신앙이 아니라 삶으로 드러나는 진실한 신앙을 부드럽지만 강력하게 요청하고 있다.

우리가 그의 계명을 지키면 이로써 우리가 그를 아는 줄로 알 것이
요 그를 아노라 하고 그의 계명을 지키지 아니하는 자는 거짓말하는
자요 진리가 그 속에 있지 아니하되(요일 2:3~4)

자녀들아 우리가 말과 혀로만 사랑하지 말고 행함과 진실함으로 하
자(요일 3:18)

하나님의 백성은 공동체를 파괴하는 거짓 가르침을 배격하고 하나님
의 말씀을 삶으로 실천하며 하나님나라를 이뤄가야 한다.

2. 내용요약

요한은 말씀이신 예수 그리스도를 소개한 후에(요일 1:1~4), 하나님
과의 사귐과 그 사귐 안에 살아가는 하나님백성의 진실한 삶에 대해 썼
다. 요한이 소개하는 하나님은 빛이시며(요일 1:5~2:29), 사랑이시다
(요일 3:1~5:12). 빛이신 하나님과 교제하는 성도는 자신의 죄를 자백하
고(요일 1:5~10), 그분의 말씀을 지키는 삶을 살아간다(요일 2:1~6). 하
나님이 주신 말씀은 바로 형제를 사랑하라는 새 계명을 지키는 것이다
(요일 2:7~17). 하나님의 백성은 예수가 그리스도이심을 부인하는 적
그리스도를 주의해야 한다(요일 2:18~29). 하나님의 자녀는 하나님 앞
에서 자신의 죄를 버리고 사랑하며 살아가기를 힘쓴다(3장). 하나님의
말씀에 순종하며 사랑을 실천하는 자는 진리의 영에 속한 것이다(요일
4:1~6). 우리가 서로 사랑할 때 하나님의 사랑이 우리 안에 온전히 이루
어진다(요일 4:7~21). 하나님을 사랑하는 것은 계명을 지키는 것이다(요
일 5:1~12). 우리 자신을 지켜 하나님의 백성으로서 사랑하며 살아가라

(요일 5:13~21).

3. 핵심구절로 본 〈요한일서〉

하나님의 백성은 하나님과의 영적 교제가 있어야 한다. 빛되신 하나님 앞에서 우리는 죄를 자백하게 된다.

> 만일 우리가 하나님과 사귐이 있다 하고 어둠에 행하면 거짓말을 하고 진리를 행하지 아니함이거니와 그가 빛 가운데 계신 것 같이 우리도 빛 가운데 행하면 우리가 서로 사귐이 있고 그 아들 예수의 피가 우리를 모든 죄에서 깨끗하게 하실 것이요(요일 1:6~7)

우리가 하나님과의 교제 안에서 죄를 자백하면, 하나님은 우리를 깨끗하게 하실 것이다.

> 만일 우리가 우리 죄를 자백하면 그는 미쁘시고 의로우사 우리 죄를 사하시며 우리를 모든 불의에서 깨끗하게 하실 것이요(요일 1:9)

나아가 하나님의 빛 안에서 살아가는 사람은 하나님의 말씀을 지키며 사랑하는 삶을 살게 된다.

> 누구든지 그의 말씀을 지키는 자는 하나님의 사랑이 참으로 그 속에서 온전하게 되었나니 이로써 우리가 그의 안에 있는 줄을 아노라(요일 2:5)

따라서 하나님의 백성은 늘 주님 안에서 빛되신 주님과 교제하며 살아가야 한다. 그러면 후에 담대히 주님을 맞이할 수 있다.

자녀들아 이제 그의 안에 거하라 이는 주께서 나타내신 바 되면 그가 강림하실 때에 우리로 담대함을 얻어 그 앞에서 부끄럽지 않게 하려 함이라(요일 2:28)

주님을 소망하는 자들은 주님을 바라보며 자신을 죄로부터 정결하게 하는 삶을 살아간다.

사랑하는 자들아 우리가 지금은 하나님의 자녀라 장래에 어떻게 될지는 아직 나타나지 아니하였으나 그가 나타나시면 우리가 그와 같을 줄을 아는 것은 그의 참모습 그대로 볼 것이기 때문이니 주를 향하여 이 소망을 가진 자마다 그의 깨끗하심과 같이 자기를 깨끗하게 하느니라(요일 3:2~3)

하나님은 사랑이시다. 사랑을 실천하면 하나님을 알게 된다. 하나님과 교제하는 하나님의 백성은 진실한 마음으로 사랑을 실천해야 한다.

그가 우리를 위하여 목숨을 버리셨으니 우리가 이로써 사랑을 알고 우리도 형제들을 위하여 목숨을 버리는 것이 마땅하니라 누가 이 세상의 재물을 가지고 형제의 궁핍함을 보고도 도와 줄 마음을 닫으면 하나님의 사랑이 어찌 그 속에 거하겠느냐 자녀들아 우리가 말과 혀로만

사랑하지 말고 행함과 진실함으로 하자(요일 3:16~18)

세상에는 하나님과의 거룩한 교제 안에서 말씀을 따라 하나님의 사랑으로 형제를 사랑하도록 가르치는 참된 선생도 있지만, 거짓된 신앙의 길로 인도하는 악한 미혹의 영도 있다.

우리는 하나님께 속하였으니 하나님을 아는 자는 우리의 말을 듣고 하나님께 속하지 아니한 자는 우리의 말을 듣지 아니하나니 진리의 영과 미혹의 영을 이로써 아느니라(요일 4:6)

사랑하며 하나님에게 순종하는 자는 미혹의 영에 빠지지 않고, 하나님과의 진정한 교제 가운데 승리하는 삶을 살아간다.

어느 때나 하나님을 본 사람이 없으되 만일 우리가 서로 사랑하면 하나님이 우리 안에 거하시고 그의 사랑이 우리 안에 온전히 이루어지느니라(요일 4:12)

하나님을 사랑한다는 것은 추상적인 감정이 아니라. 삶에서 하나님의 주권을 인정하며 하나님의 말씀을 지키는 것이다.

하나님을 사랑하는 것은 이것이니 우리가 그의 계명들을 지키는 것이라 그의 계명들은 무거운 것이 아니로다(요일 5:3)

빛이시며 사랑이신 하나님과 교제하며 주의 말씀 안에서 참된 사랑을 실천하는 성도가 되는 것이 하나님의 뜻이다.

✚ 정리하기

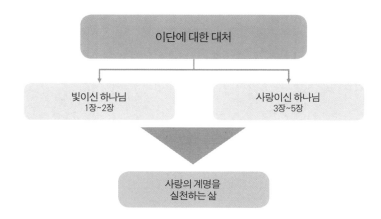

미혹하는 이단들을 분별하고, 진정으로 사랑의 계명을 실천하는 하나님의 백성이 되라.

이단에 대한 대처

〈요한이서〉 1:6
또 사랑은 이것이니 우리가 그 계명을 따라 행하는 것이요 계명은 이것이니 너희가 처음부터 들은 바와 같이 그 가운데서 행하라 하심이라

✛ 통으로 보기

1
미혹거부

☐ 이단에 대한 대처

✛ 들여다보기

1. 이단에 대한 대처를 가르치는 〈요한이서〉

〈요한이서〉는 스스로 저자를 '장로'라고 밝히고 있다. 사도이며 동시에 에베소교회의 목회자였던 요한이 이 서신의 저자라는 것은 의심할 수 없다. 〈요한이서〉는 〈요한일서〉와 마찬가지로 영지주의적 이단사상

을 극히 경계하고 있다.

미혹하는 자가 세상에 많이 나왔나니 이는 예수 그리스도께서 육체로 오심을 부인하는 자라 이런 자가 미혹하는 자요 적그리스도니(요이 1:7)

〈요한이서〉는 요한이 에베소교회에서 목회하고 있을 때, 주위의 교회들이 읽게 하려고 쓴 서신임이 분명하다(1절의 부녀와 자녀들은 교회들을 의미한다).

장로인 나는 택하심을 받은 부녀와 그의 자녀들에게 편지하노니(요이 1:1)

2. 내용요약 및 핵심구절로 본 〈요한이서〉

〈요한이서〉의 내용은 크게 둘로 나눌 수 있다. 하나는 "서로 사랑하라"는 것이며(요이 1:5), 다른 하나는 "이단을 경계하라"는 것이다.

부녀여, 내가 이제 네게 구하노니 서로 사랑하자 이는 새 계명 같이 네게 쓰는 것이 아니요 처음부터 우리가 가진 것이라(요이 1:5)

누구든지 이 교훈을 가지지 않고 너희에게 나아가거든 그를 집에 들이지도 말고 인사도 하지 말라 그에게 인사하는 자는 그 악한 일에 참여하는 자임이라(요이 1:10~11)

〈요한이서〉에서 강조하는 '사랑'은 요한의 다른 저작들과 마찬가지로 "계명을 따라 행하는 실천"이다. 사랑은 물론 신·구약성경의 모든 말씀을 종합한 것이다. "하나님을 사랑하고 네 이웃을 사랑하는 것"이다. 하나님과 이웃을 사랑하는 것은 감정이나 느낌이 아니다. 그것은 하나님의 말씀을 구체적으로 삶에 실천하는 것이다. 영지주의자들은 육신을 악한 것으로 치부하여 삶에 소홀했다. 자신들만의 지식 추구에 탐닉했다. 따라서 요한은 진정한 신앙을 소유한 성도가 되기 위하여 영지주의적 이단사상을 경계하라는 권면을 바로 이어 전하고 있다. 이런 의미에서 〈요한이서〉는 〈요한일서〉와 내용상 유사하다. 다만 〈요한일서〉를 보냈음에도 불구하고 계속해서 미혹하는 자들과의 교제를 철저히 금하게 하여 하나님의 백성을 지키려는 의도가 담겨 있다.

그에게 인사하는 자는 그 악한 일에 참여하는 자임이라 (요이 1:11)

✚ 정리하기

이단을 분별하여 미혹되지 마라.

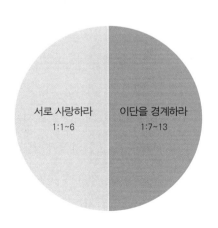

서로 사랑하라
1:1~6

이단을 경계하라
1:7~13

전도자에 대한 대접

〈요한삼서〉 1:8
그러므로 우리가 이같은 자들을 영접하는 것이 마땅하니 이는 우리로 진리를 위하여 함께 일하는
자가 되게 하려 함이라

Note

✚ 통으로 보기

1
영접

☐ 전도자에 대한 대접

✚ 들여다보기

1. 전도자에 대한 대접을 가르치는 〈요한삼서〉

〈요한삼서〉는 요한의 또 다른 편지이다. 〈요한이서〉가 이단적인 사상
을 담고 있는 순회전도자들을 분별하고, 그들을 환대하지 말라는 내용
을 담았다면, 이 편지는 복음을 전하는 순회전도자들을 환대하고 협력

하는 지도자 가이오를 칭찬하며, 진리 안에서 서로 돕고 협력하라는 내용을 담고 있다.

2. 내용요약 및 핵심구절로 본 〈요한삼서〉

요한은 이 편지를 가이오에게 보냈다.

> 장로인 나는 사랑하는 가이오 곧 내가 참으로 사랑하는 자에게 편지하노라(요삼 1:1)

가이오는 당시 흔한 이름이었기 때문에 그가 누구인지 정확히 밝히기 힘들다. 확실한 것은 그가 교회의 지도자였을 것이라는 것이며, 전승에 의하면 버가모교회의 지도자였다고 한다. 그는 특히 순회전도자들을 영접하고 도와줌으로 복음사역에 협력하는 진실한 지도자였다.

> …… 사랑하는 자여 네가 무엇이든지 형제 곧 나그네 된 자들에게 행하는 것은 신실한 일이니 그들이 교회 앞에서 너의 사랑을 증언하였느니라 …… 그러므로 우리가 이같은 자들을 영접하는 것이 마땅하니 이는 우리로 진리를 위하여 함께 일하는 자가 되게 하려 함이라(요삼 1:4~8)

요한은 그러한 가이오를 칭찬하며 모든 성도가 그리스도의 복음을 전하는 일에 하나 되어 서로 섬기며 대접할 것을 가르치기 위해 편지를 썼다. 이 편지는 당시 흩어져 있던 가이오와 같은 교회의 지도자에게 권위를 세워 주었을 것이다.

가이오와는 반대로 디오드레베라는 지도자가 있었다. 그는 자신이 높아지기 위해서 다른 사역자들을 비방하고, 순회전도자들을 환대하지 않았다.

> 내가 두어 자를 교회에 썼으나 그들 중에 으뜸되기를 좋아하는 디오드레베가 우리를 맞아들이지 아니하니 그러므로 내가 가면 그 행한 일을 잊지 아니하리라 그가 악한 말로 우리를 비방하고도 오히려 부족하여 형제들을 맞아들이지도 아니하고 맞아들이고자 하는 자를 금하여 교회에서 내쫓는도다(요삼 1:9~10)

기존의 교회들을 비방하며 자신이 세운 지교회에만 다니게 하는 흡사 요즘의 이단들의 모습을 보는 것과 같다. 이렇게 복음을 위해 힘쓰는 선교적 사명을 방해하고, 다른 사역자들의 인격에 손상을 입히는 사역자들은 복음의 적이다.

✚ 정리하기

전도자를 영접하여 대접하라.

전도자를
영접하라
1:1~8

디오드레베의
악행을
본받지 마라
1:9~15

참된 신앙의
사수

〈유다서〉1:20
사랑하는 자들아 너희는 너희의 지극히 거룩한 믿음 위에 자신을 세우며 성령으로 기도하며

일반 서신

26
유다서

➕ 통으로 보기

1
짐승

☐ 참된 신앙고백 사수

➕ 들여다보기

1. 유다의 강한 권면, 〈유다서〉

〈유다서〉의 저자 유다는 자신을 '예수 그리스도의 종'이며, 야고보의 형제라고 소개한다. 그는 예수님의 형제로 초대교회 지도자요, 예루살렘 공의회를 이끈 야고보의 동생이다. 이것이 언제 쓰였는지는 정확히

알 수 없지만, 그 의도는 분명하다. 방탕한 삶을 살게 하는 거짓된 가르침을 경계하도록 하는 것이다.

2. 내용요약 및 핵심구절로 본 〈유다서〉

이 편지는 경건하지 않은 행위로 악한 영향을 미치고 있었던 사람들을 경계하고 정욕을 제어하고 성령에 충만한 경건한 성도가 되어야 함을 권하기 위한 것이다.

사랑하는 자들아 우리가 일반으로 받은 구원에 관하여 내가 너희에게 편지하려는 생각이 간절하던 차에 성도에게 단번에 주신 믿음의 도를 위하여 힘써 싸우라는 편지로 너희를 권하여야 할 필요를 느꼈노니 이는 가만히 들어온 사람 몇이 있음이라 그들은 옛적부터 이 판결을 받기로 미리 기록된 자니 경건하지 아니하여 우리 하나님의 은혜를 도리어 방탕한 것으로 바꾸고 홀로 하나이신 주재 곧 우리 주 예수 그리스도를 부인하는 자니라(유 1:3~4)

사랑하는 자들아 너희는 너희의 지극히 거룩한 믿음 위에 자신을 세우며 성령으로 기도하며 하나님의 사랑 안에서 자신을 지키며 영생에 이르도록 우리 주 예수 그리스도의 긍휼을 기다리라(유 1:20~21)

✚ 정리하기

거짓 교사들에
대한 심판
1:1~16

믿음을 지키라
1:17~25

방탕하고 부정한 삶을 사는 악한 자들에게서 떠나라.

Note

예언서

27
요한계시록

하나님나라의 완성

〈요한계시록〉 21:7
이기는 자는 이것들을 상속으로 받으리라 나는 그의 하나님이 되고 그는 내 아들이 되리라

Note

✛ 통으로 보기

1 계시	2 일곱교회	3 일곱교회	4 하늘보좌	5 두루마리	6 일곱인	7 인침받음	8 칠인나팔	9 56나팔	10 작은 책
11 증인나팔	12 여자와용	13 두 짐승	14 노래천사	15 일곱천사	16 일곱대접	17 바벨론	18 멸망	19 혼인잔치	20 천년왕국
21 신천신지	22 마라나타								

☐ 서론(1장)
☐ 일곱 교회에 보내는 편지(2~3장)
▨ 세 가지 재앙 시리즈(4~16장)
▨ 바벨론의 심판과 성도의 구원(17~21장)
▨ 마라나타✛(22장)

✛ 마라나타
"우리 주께서 오신다", "우리 주께서 오셨다"는 의미를 지닌 '마라나타'는 아람어를 헬라어로 음역한 말이다(고전 16:22; 계22:20 참조).

✚ 들여다보기

1. 하나님나라 완성까지의 과정을 기록한 묵시문학 〈요한계시록〉

〈요한계시록〉은 성경 66권의 책 중 가장 논란을 야기하는 책이다. 묵시문학으로 기록된 이 책은 과격한 상징과 비유로 이루어져 있으며, 일곱 인, 일곱 나팔, 일곱 대접 등 문자적으로 해석하기 어려운 많은 구절을 포함하고 있다. 어떤 성도들은 이 책이 가진 난점들을 두려워하여 이해를 포기했고, 이단들은 이 책을 마음대로 해석하여 자신들의 포교활동에 사용했다. 하지만 이 책은 주님이 재림하시는 날까지 성도들에게 중요한 영적 교훈을 주는 매우 중요한 책이다. 그러므로 정확한 이해와 적용을 통해 성도들의 믿음을 강화하는 데 활용되어야 한다.

이 책은 요한이 A.D. 90~95년경에 밧모라는 섬에 유배되어 기록한 신약의 마지막 책이다. 요한은 아시아에서 사역한 것으로 보인다. 그가 〈요한계시록〉에 등장시킨 일곱 교회는 바로 아시아에 있는 교회들이다 (2~3장). 일곱 교회는 이 세상의 모든 교회를 의미하는 것이므로, 요한은 이 책을 통해 로마제국의 통치를 받고 있던 당시 아시아지역의 성도들을 넘어서서 주님의 재림 때까지의 모든 교회에 이 계시의 말씀을 전하려는 의도를 가지고 있었다.

> 예수 그리스도의 계시라 이는 하나님이 그에게 주사 반드시 속히 일어날 일들을 그 종들에게 보이시려고 그의 천사를 그 종 요한에게 보내어 알게 하신 것이라(계 1:1)
> 귀 있는 자는 성령이 교회들에게 하시는 말씀을 들을지어다(계 2:29)

요한은 이 책을 통하여 주님이 다시 오시는 그날까지 사탄의 통치에 굴복하지 말고, 하나님나라의 백성으로 하나님의 주권에 순종하면서 인내하며 믿음을 지킬 것을 권면하고 있다.

2. 내용요약

〈요한계시록〉은 예수님이 승천하신 이후로 재림하시기까지의 과정을 기록한 것이다. 이 책은 모든 교회에 주어진 예수 그리스도의 말씀이다(1~3장). 예수님의 승천에서 재림 사이에, 하나님을 대항하여 죄로 물든 이 세상을 향한 심판이 있을 것이다(4~16장). 그리고 마지막까지 하나님을 대적할 사탄과 그 추종자들은 멸망하고 완성된 하나님의 나라인 새 하늘과 새 땅, 새 예루살렘이 이기는 자들에게 주어질 것이다(17~22장). 하나님의 백성은 이 땅을 지배하는 것처럼 보이는 사탄에 의해 고안된 물질과 권세의 가짜 복음에 현혹되지 말고, 하나님의 주권을 인정하며 인내와 참음으로 하나님나라에 동참해야 한다.

> 나 요한은 너희 형제요 예수의 환난과 나라와 참음에 동참하는 자라 하나님의 말씀과 예수를 증언하였음으로 말미암아 밧모라 하는 섬에 있었더니(계 1:9)
> 성도들의 인내가 여기 있나니 그들은 하나님의 계명과 예수에 대한 믿음을 지키는 자니라(계 14:12)

3. 핵심구절로 본 〈요한계시록〉

〈요한계시록〉은 예수 그리스도의 계시이다.

예수 그리스도의 계시라 이는 하나님이 그에게 주사 반드시 속히 일어날 일들을 그 종들에게 보이시려고 그의 천사를 그 종 요한에게 보내어 알게 하신 것이라(계 1:1)

이 책의 말씀을 듣고 지키는 자에게는 복이 있다.

이 예언의 말씀을 읽는 자와 듣는 자와 그 가운데에 기록한 것을 지키는 자는 복이 있나니 때가 가까움이라(계 1:3)

보라 내가 속히 오리니 이 두루마리의 예언의 말씀을 지키는 자는 복이 있으리라 하더라(계 22:7)

하나님이 창조하신 세상에 대한 심판계획은 하늘보좌에 앉으신 하나님에게 있다.

내가 보매 보좌에 앉으신 이의 오른손에 두루마리가 있으니 안팎으로 썼고 일곱 인으로 봉하였더라(계 5:1)

그 계획은 예수 그리스도에 의해 이 세상에 이루어질 것이다.

내가 또 보니 보좌와 네 생물과 장로들 사이에 한 어린 양이 서 있는

데 일찍이 죽임을 당한 것 같더라 그에게 일곱 뿔과 일곱 눈이 있으니 이 눈들은 온 땅에 보내심을 받은 하나님의 일곱 영이더라(계 5:6)

하늘의 심판 계획은 일곱 인과 일곱 나팔과 일곱 대접의 심판 시리즈로 상징적으로 묘사된다. 그것은 자연과 사람에 대한 엄청난 재앙이 될 것이다.

둘째 천사가 그 대접을 바다에 쏟으매 바다가 곧 죽은 자의 피 같이 되니 바다 가운데 모든 생물이 죽더라 셋째 천사가 그 대접을 강과 물 근원에 쏟으매 피가 되더라(계 16:3~4)

여섯째 천사가 나팔을 불매 내가 들으니 하나님 앞 금 제단 네 뿔에서 한 음성이 나서 나팔 가진 여섯째 천사에게 말하기를 큰 강 유브라데에 결박한 네 천사를 놓아 주라 하매 네 천사가 놓였으니 그들은 그 년 월 일 시에 이르러 사람 삼분의 일을 죽이기로 준비된 자들이더라 (계 9:13~15)

이러한 재앙이 이 땅에 임할 때, 믿지 않는 자들은 회개하지 않으며 더욱 강퍅하게 하나님을 거부한다.

이 재앙에 죽지 않고 남은 사람들은 손으로 행한 일을 회개하지 아니하고 오히려 여러 귀신과 또는 보거나 듣거나 다니거나 하지 못하는 금, 은, 동과 목석의 우상에게 절하고 또 그 살인과 복술과 음행과 도둑질을 회개하지 아니하더라(계 9:20~21)

오히려 사탄의 지휘 아래 하나님을 대적하는 전쟁을 준비한다.

또 여섯째 천사가 그 대접을 큰 강 유브라데에 쏟으매 강물이 말라서 동방에서 오는 왕들의 길이 예비되었더라 또 내가 보매 개구리 같은 세 더러운 영이 용의 입과 짐승의 입과 거짓 선지자의 입에서 나오니 그들은 귀신의 영이라 이적을 행하여 온 천하 왕들에게 가서 하나님 곧 전능하신 이의 큰 날에 있을 전쟁을 위하여 그들을 모으더라(계 16:12~14)

이때 하나님의 백성은 어떻게 되는가? 박해와 순교를 당한다.

내가 네 환난과 궁핍을 알거니와 실상은 네가 부요한 자니라 자칭 유대인이라 하는 자들의 비방도 알거니와 실상은 유대인이 아니요 사탄의 회당이라(계 2:9)

그들이 그 증언을 마칠 때에 무저갱으로부터 올라오는 짐승이 그들과 더불어 전쟁을 일으켜 그들을 이기고 그들을 죽일 터인즉(계 11:7)

하지만 하나님의 백성은 끝까지 하나님을 의지하며 인내해야 한다.

나 요한은 너희 형제요 예수의 환난과 나라와 참음에 동참하는 자라 하나님의 말씀과 예수를 증언하였음으로 말미암아 밧모라 하는 섬에 있었더니(계 1:9)

인내하며 말씀을 지켜야 한다.

네가 나의 인내의 말씀을 지켰은즉 내가 또한 너를 지켜 시험의 때를 면하게 하리니 이는 장차 온 세상에 임하여 땅에 거하는 자들을 시험할 때라(계 3:10)

그리고 하나님의 군사로 살아가며, 하나님의 심판의 말씀을 세상에 증거해야 한다.

내가 인침을 받은 자의 수를 들으니 이스라엘 자손의 각 지파 중에서 인침을 받은 자들이 십사만 사천이니(계 7:4)
그들이 그 증언을 마칠 때에 무저갱으로부터 올라오는 짐승이 그들과 더불어 전쟁을 일으켜 그들을 이기고 그들을 죽일 터인즉(계 11:7)

결국 하나님은 사탄의 세력을 완전히 멸망시키신다.

그들이 지면에 널리 퍼져 성도들의 진과 사랑하시는 성을 두르매 하늘에서 불이 내려와 그들을 태워버리고 또 그들을 미혹하는 마귀가 불과 유황 못에 던져지니 거기는 그 짐승과 거짓 선지자도 있어 세세토록 밤낮 괴로움을 받으리라(계 20:9~10)

이 땅은 심판으로 멸망한다.

또 내가 크고 흰 보좌와 그 위에 앉으신 이를 보니 땅과 하늘이 그 앞에서 피하여 간 데 없더라(계 20:11)

이 땅의 권세자들은 하나님의 백성을 협박한다.

큰 용이 내쫓기니 옛 뱀 곧 마귀라고도 하고 사탄이라고도 하며 온 천하를 꾀는 자라 그가 땅으로 내쫓기니 그의 사자들도 그와 함께 내쫓기니라(계 12:9)

그가 모든 자 곧 작은 자나 큰 자나 부자나 가난한 자나 자유인이나 종들에게 그 오른손에나 이마에 표를 받게 하고 누구든지 이 표를 가진 자 외에는 매매를 못하게 하니 이 표는 곧 짐승의 이름이나 그 이름의 수라(계 13:16~17)

동시에 물질과 쾌락으로 하나님의 백성을 유혹한다.

힘찬 음성으로 외쳐 이르되 무너졌도다 무너졌도다 큰 성 바벨론이여 귀신의 처소와 각종 더러운 영이 모이는 곳과 각종 더럽고 가증한 새들이 모이는 곳이 되었도다 그 음행의 진노의 포도주로 말미암아 만국이 무너졌으며 또 땅의 왕들이 그와 더불어 음행하였으며 땅의 상인들도 그 사치의 세력으로 치부하였도다 하더라(계 18:2~3)

하지만 교회에 주신 약속대로 짐승의 표를 받지 않고, 믿음으로 하나님의 계명을 지킨 성도들에게 새 하늘과 새 땅의 약속이 성취된다.

또 내게 말씀하시되 이루었도다 나는 알파와 오메가요 처음과 마지막이라 내가 생명수 샘물을 목마른 자에게 값없이 주리니 이기는 자는 이것들을 상속으로 받으리라 나는 그의 하나님이 되고 그는 내 아들이 되리라(계 21:6~7)

새 하늘과 새 땅은 하나님이 통치하시는 완성된 하나님의 나라이다.

다시 밤이 없겠고 등불과 햇빛이 쓸 데 없으니 이는 주 하나님이 그들에게 비치심이라 그들이 세세토록 왕 노릇 하리로다(계 22:5)

✚ 정리하기

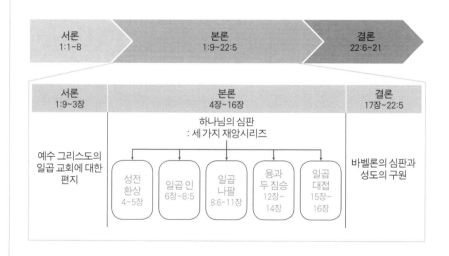

이 세상은 사탄과 그 추종자들과 더불어 하나님의 심판으로 멸망한다. 끝까지 하나님의 주권을 지키며 인내하는 하나님의 백성은 영원한 하나님나라의 완성에 동참한다.

1장 성경 : 하나님나라 시작에서 완성까지
2장 하나님나라 관점으로 성경관통 정리

PART 4

하나님나라 관점으로
성경관통 정리

1 성경 : 하나님나라 시작에서 완성까지

Note

    지금까지 성경을 하나님나라 관점으로 살펴보았다. 이 책에서 제시하는 하나님나라의 개념은 거창한 신학적 개념이 아니다. 하나님이 의도하신 하나님나라를 세상의 나라에 빗대어 정리한 간단한 개념이다.

    하나님이 창조하고 선택하신 백성이 하나님이 주신 땅에서 하나님의 주권을 인정하며 살아가는 것. 이것이 하나님나라이다. 즉 하나님나라는 '하나님의 통치가 이루어지는 것' 자체이다. 하나님은 하나님나라를 실현하시기 위해 언약의 방법을 사용하신다. 하나님이 택하신 백성들과 관계를 맺으시고, 땅을 선물로 주시며, 그 땅에서 하나님의 주권을 인정하며 살아가게 하신다.

    옆의 표에서 볼 수 있듯이 모세오경은 그 하나님나라를 가나안을 통해 온 세상으로 확장시키시려는 하나님의 원리를 제시하며 성경의 문을 연다. 하나님의 백성 이스라엘 민족은 약속의 땅 가나안에서 하나님의 주권 자체인 율법을 지키며 살아야 한다. 역사서는 모세오경 이후 이스라엘 백성이 역사 속에서 하나님나라의 원리를 어떻게 적용하며 발전해 나갔는지를 기록한다. 그 역사의 과정 속에 하나님의 백성은 하나님나라의 원리를 적용하여 살아간 결과 다양한 경험과 지혜를 기록한다. 이것이 바로 시가서이다. 하지만 역사의 과정 속에서 하나님의 백성은 하나님의 통치를 이 땅에 실현하는 일에 계속 실패한다. 선지서들은 그 실패를 지적하고 회개를 촉구하는 동시에, 메시아를 통한 하나님나라의 회복과 새로운 시작을 예언한다.

결국 구약에서 이스라엘 백성을 통해 가나안을 중심으로 이어지던 하나님나라는 예수 그리스도에 의해 성취되고, 교회를 통해 온 세상으로 확장되기 시작한다. 이것을 기록한 책들이 복음서와 역사서이다. 사도들을 통해 온 세상으로 하나님나라의 복음이 확장되는 과정에서 세

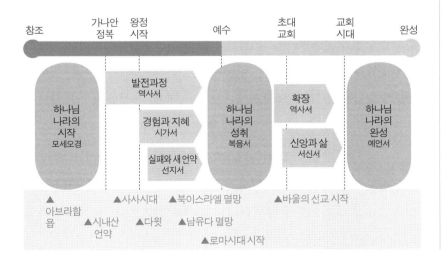

워진 교회들을 든든히 세우기 위해 사도들은 여러 서신을 썼다. 이 서신들은 예수님이 전하신 하나님나라의 복음을 각 교회와 개개 성도들에게 적용하여 하나님의 백성이 무엇을 믿고 어떻게 살아야 하는지 기록했다. 1세기가 마무리되는 시점에서 요한은 예수 그리스도의 재림으로 하나님나라가 완성될 때까지의 과정에서 일어날 일들과 하나님백성의 사명에 대해 기록한다. 사실 이런 의미에서 신약은 예수님 시대의 책이 아니라, 하나님나라의 성취이신 예수님의 탄생에서 예수님의 재림으로 하나님나라가 완성될 때까지를 다룬 책이라 할 수 있다.

하나님이 살아계시며 말씀으로 자신을 계시하셨다고 믿는 성도라면 하나님이 계시하신 의도대로 하나님의 말씀인 성경을 읽고 해석해야 한다. 올바른 성경의 해석 위에 올바른 교회가 세워진다. 말씀 위에 세워진 교회란 말씀의 올바른 해석 위에 세워진 교회라는 뜻이다. 교회는 하나님의 말씀을 하나님나라의 관점에서 해석해야 한다. 하나님은 성도들에게 세상의 나라를 가르치기 위해, 세상 나라들의 이념들과 성공의 처세술들을 가르치시기 위해 성경을 기록하지 않으셨다. 교회는 성경 말씀을 읽고 가르칠 때, 성경에 기록된 하나님나라를 가르치기 위해 힘써야 한다. 교회가 성경에서 세상의 나라를 가르칠 때, 교회는 세상의 포로가 되고 만다. 꼭 기억하라. 하나님은 단순히 윤리만을 가르치시거나, 천국에 가는 길만을 가르치신 것이 아니라, 하나님나라의 복음을 가르치시기 위해 성경을 주셨다. 세상의 처세술이나 기도해서 세상의 축복을 받기 위한 방법을 가르치시려고 성경을 기록하신 것은 더더욱 아니다. 올바른 관점으로 성경이 해석되고 전파될 때, 그 토대 위에 하나님이 기뻐하시는 건강한 교회가 세워진다.

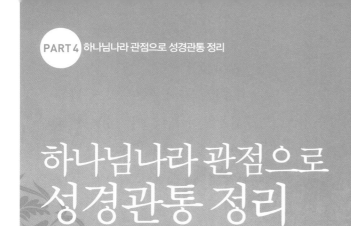

하나님나라 관점으로 성경관통 정리

하나님의 백성은 이 세상에서 하나님나라를 확립하고 확장해 나가는 권세이자 의무를 가지고 있다.

Note

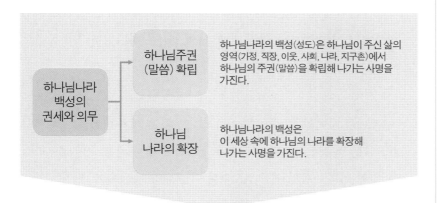

이것이 하나님나라 백성의 운명을 결정한다.

이 책을 읽고 있는 독자들은 대부분 교회와 관련이 있는 사람들일 것이다. 만약 독자들이 스스로 구원받은 하나님의 백성이라 확신한다면, 하나님나라의 원리에 따라 살아야 함을 기억해야 한다. 하나님은 하나님의 백성을 선택하신다. 하나님의 백성에게 땅, 즉 가정과 지역 사회를 넘어서서 영향이 미치는 모든 곳인 삶의 지경을 허락하신다. 자신의 삶의 지경에서 하나님의 백성으로 축복된 삶을 살아가게 하신다. 그 이유는 하나님의 백성 개개인이 원하는 대로 만사형통한 인생을 주시기 위함이 아니다. 하나님의 백성 개개인이 스스로 원하는 형통한 인생을 살게 하는 것이 하나님의 목적이 아니라는 것을 분명히 기억해야 한다. 하나님은 선택한 백성들을 통해 이 땅에서 '하나님나라'라는 목적을 이루려 하신다.

하나님나라는 하나님의 백성을 통해 이루어진다. 따라서 하나님의 백성은 하나님나라를 확장해 가는 삶을 살아야 한다. 이것은 성도의 권세이자 의무이다. 그러면 하나님의 백성이 되는 것은 큰 짐을 지는 것인가? 그렇다. 하지만 하나님의 백성으로서 하나님나라를 확장하는 의무는 세상에서 지는 짐보다 훨씬 가볍다. 예수님은 하나님나라의 복음으로 이 세상 사람들을 초대하신다.

수고하고 무거운 짐 진 자들아 다 내게로 오라 내가 너희를 쉬게 하리라 나는 마음이 온유하고 겸손하니 나의 멍에를 메고 내게 배우라 그리하면 너희 마음이 쉼을 얻으리니 이는 내 멍에는 쉽고 내 짐은 가벼움이라 하시니라 (마 11:28~30)

하나님의 백성은 인생의 목표가 세상나라에서 하나님나라로 바뀌는 것이다. 하나님나라의 확장을 위해 인생을 살아야 하는 것이다. 이것은 기도제목이 세상의 복에서 하나님나라로 바뀜을 의미한다.

그러므로 너희는 이렇게 기도하라 하늘에 계신 우리 아버지여 이름이 거룩히 여김을 받으시오며 나라가 임하시오며……(마 6:9~10)

그러므로 염려하여 이르기를 무엇을 먹을까 무엇을 마실까 무엇을 입을까 하지 말라 이는 다 이방인들이 구하는 것이라 너희 하늘 아버지께서 이 모든 것이 너희에게 있어야 할 줄을 아시느니라 그런즉 너희는 먼저 그의 나라와 그의 의를 구하라 그리하면 이 모든 것을 너희에게 더하시리라(마 6:31~33)

이 말씀들은 단순히 기도를 가르친 것이 아니라 하나님나라 백성들에게 인생의 목표를 가르치는 구절이다. 하나님의 백성은 하나님나라의 확장을 위해 살아가야 한다.

하나님나라 확장은 두 가지 측면으로 이루어진다. 하나는 하나님의 백성 공동체와 개개인 안에 하나님의 주권이 확립되는 것이다. 바로 하나님의 말씀대로 살아가는 삶이 이루어지는 것이다. 예수 그리스도의 이른바 대위임령에 나오듯이, "주님이 분부한 것을 가르쳐 지키게 하는 것"이다. 이것이 하나님의 통치가 하나님백성 공동체에 내적으로 확립되는 것이다. 이것을 간단히 제자도라고 말할 수 있다. 제자도가 세워지지 않고 세상적인 열심만 가득한 교회가 많다. 주일성수만 열심히 가르치고 지키는 교회도 많다. 아니다. 주님이 가르치신 것들을 삶에 옮겨 놓는 제자도가 확립되어야 한다.

또 다른 하나는 하나님백성의 공동체 외부로 하나님의 나라가 확장되는 것이다. 이것은 바로 하나님나라의 복음을 전하는 전도와 선교를 통해 하나님의 통치가 이 세상에 편만해지는 것이다. 이것은 대위임령의 또 다른 측면인 "가서 모든 민족을 제자로 삼아 아버지와 아들과 성령의 이름으로 세례를 베푸는 것"이다. 이것을 간단히 선교라 할 수 있겠다. 믿지 않는 세상을 향해 하나님나라의 복음을 전파하여 하나님나라를 확장하는 교회만이 진정한 교회라 할 수 있다.

하나님나라의 확장은 모든 하나님백성의 권세이자 의무이다. 이것은 바로 내적으로 제자도를 확립하는 것이며, 외적으로 하나님나라의 복음을 전하는 전도와 선교를 수행하는 것이다. 이것은 무거운 것이 아니며, 우리의 삶을 더욱 의미 있고 가치 있고 행복하게 하는 사명이다. 마지막으로 강조해야 할 하나님나라의 원리는 하나님의 백성이 하나님나라를 확장하는 사명을 감당하는 것이 삶의 성패를 결정한다는 것이다. 다시 한 번 되새기자. 하나님이 하나님의 백성을 선택하신 것은 '하나님나라'를 이루시기 위함이다. 이스라엘 백성은 가나안에서 하나님나라를 확장하는 사명을 감당하지 않을 때 여러 가지 약속된 재앙을 당할 수밖에 없었다. 신약의 교회들을 보라. 하나님이 맡기신 사명을 감당하지 않으면 더 이상 교회를 세우시지 않고 촛대를 옮기신다. 하나님은 하나님나라를 목적으로 살아가는 백성들에게 '이 모든 것'을 더하시겠다고 약속하셨다. 이것이 하나님나라의 원리이다. 하나님나라의 확장을 이루어가는 것, 그것이 하나님백성의 운명을 결정한다.

하나님나라 복음으로
건강한 교회를 세워가는
킹덤처치 세미나

뚫린다! 성경!!
간단하게, 명쾌하게, 확실하게!!

하나님의 백성이
하나님이 주신 땅에서
하나님의 주권을 인정하며 사는 나라

국민 영토 주권으로 구성되는
하나님나라 개념으로 푸는 성경

킹덤처치 세미나 핵심가치

목회자들과 성도들의 고민은 비슷할 것입니다. 어떻게 하나님의 말씀인 성경을 하나님나라의 관점으로 정확하게 깨닫고 쉽게 전할 수 있을까? 그리고 어떻게 하나님의 말씀이 실현되는 건강한 교회를 세울 수 있을까? 이 고민에 대한 해결책으로 본 세미나를 제안합니다.

킹덤처치 세미나는……

✚ 단순한 성경통독이 아닌, 관점이 있는 성경읽기이다

본 세미나는 하나님나라를 이루는 중요한 3요소인 백성, 땅, 주권의 개념으로 성경 전체를 꿰뚫어 볼 수 있는 눈을 열어 주는 성경 세미나입니다.

✚ 지식 위주의 성경읽기가 아닌 교회를 세우는 사역이다

본 세미나를 통해 하나님의 주권적 통치가 이루어지는 건강한 교회와 하나님나라의 확장에 기여하는 선교적 교회를 세워 가게 될 것입니다.

✚ 일회성 사역이 아닌 교회의 체질을 바꾸는 장기적 플랜이다

본 세미나는 각 교회에서 고민하는 성경공부 및 양육에 대한 장기적인 좋은 대안이 될 수 있습니다. 본 세미나를 통해 세상을 향해 하나님나라의 복음을 전하고, 말씀에 순종하는 제자도를 실천하는 성도들을 양육하여 행복한 교회를 세우게 될 것입니다.

✚ 목회자 과정

- 온라인 · 오프라인 방식으로 국내외 여러 곳에서 수시로 진행됩니다.
- 문의: 010-8794-1417 (킹덤처치 연구소)

✚ 교회 세미나 과정

one point 과정(2~3시간)

1강	하나님나라 관점으로 성경관통

2일 과정(1일 2시간)

1강	하나님나라 관점으로 구약관통
2강	하나님나라 관점으로 신약관통

3일 과정(1일 2시간)

1강	하나님나라로 푸는 성경
2강	하나님나라 관점으로 구약관통
3강	하나님나라 관점으로 신약관통

12주 과정(1일 2시간)

1강	하나님나라로 성경관통 원리	7강	하나님나라로 신약관통
2강	하나님나라로 구약관통	8강	마태복음~요한복음(복음서)
3강	창세기~신명기(모세오경)	9강	사도행전(역사서)
4강	여호수아~에스더(역사서)	10강	로마서~유다서(서신서)
5강	욥기~아가(시가서)	11강	요한계시록(예언서)
6강	이사야~말라기(선지서)	12강	하나님나라로 성경관통 정리

※ 세미나 일정과 내용은 각 교회의 상황에 따라 상담 후 변경할 수 있습니다.

※ 세미나 후 개교회의 교역자들이 하나님나라 관점으로 성경 전체를 강의할 수 있도록 설명과 함께 PPT 자료를 배부해 드립니다(12주 과정을 교회에서 개설할 경우, 1~2강은 강사가 파견될 수 있습니다).

하나님나라
12주 성경 통독

본 교재를 이용하여 하나님나라 관점으로 성경을 통독해 보세요.

시작하기 전　하나님나라 성경통독을 할 때에는 설교를 통해 동기를 부여하고 하나님나라 관점으로 성경의 흐름을 설명하는 것이 좋습니다. 하나님나라 관점의 성경통독 프로그램은 단순히 성경을 읽거나 역사적 맥을 잡는 것이 아니라, 성경을 통해 복음의 핵심인 하나님나라를 이해하고 숙지하기 위한 프로그램입니다.

기간　성경통독의 기간은 교회가 임의로 정할 수 있지만, 통독을 하면서 관점을 익히기 위해서는 빠르게 성경을 통독하는 것이 좋습니다. 너무 길어지면 성경의 흐름을 놓치게 됩니다. 12주 동안 강의를 듣고 핵심구절만 읽으며 전체를 관통합니다.

강의　개교회 및 부서의 목회자들이 직접 강의하기 위해 킹덤처치 세미나에 참석하시는 것이 좋습니다. 사정이 여의치 않을 경우에는 연구소로 문의해 주시고, 상담을 받으셔도 좋습니다. 저희 연구소에서는 강의자료(강의진도표, 성경통독표 포함)를 제공하고 강의를 안내해 드릴 수 있습니다. 인터넷 샘플강의도 준비되어 있습니다.

교재와 함께　인도자는 성경통독에 참여하는 분들과 12주 과정으로 매주 한 시간 정도(사정에 따라 조절) 내용을 나눠야 합니다. 《하나님나라 관점으로 구약관통, 신약관통》교재를 강의자료에 제시된 바에 따라 설명하면서 "하나님나라"를 풍성하게 나누십시오. 강의자료에 교재를 어떻게 활용하는지 자세히 설명되어 있으니 쉽게 계획할 수 있습니다.

문의　**킹덤처치 연구소**로 문의해 주시기 바랍니다. 세미나와 PPT 자료도 안내해 드립니다.
HP. 010-8794-1417